U0740209

我们一起解决问题

本书适合**基层医务工作者**使用

社会心理服务
工作手册

徐凯文　柳智宇　宋彦◎主编

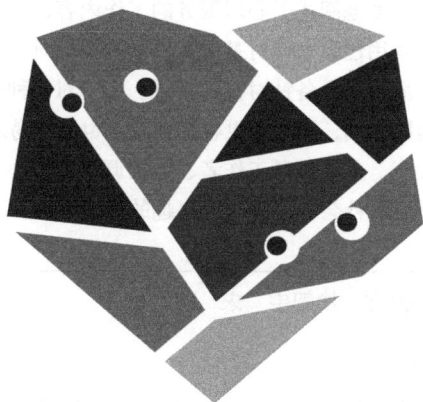

人民邮电出版社

北　京

图书在版编目（CIP）数据

社会心理服务工作手册 / 徐凯文，柳智宇，宋彦主编. —— 北京：人民邮电出版社，2021.9
ISBN 978-7-115-56451-1

Ⅰ. ①社… Ⅱ. ①徐… ②柳… ③宋… Ⅲ. ①社会心理学－心理咨询－咨询服务－手册 Ⅳ. ①C912.6-0

中国版本图书馆CIP数据核字(2021)第071912号

内 容 提 要

本手册以世界卫生组织对健康的定义为视角，介绍了如何与服务对象建立关系，如何与不同类型的人交流，列出了大量基层工作人员经常需要面对的问题，介绍了心身关系和心身医学，简述了对精神障碍的识别与简单干预，阐明了心理危机的处理和应对措施，给出了心理服务的方法和技术。

本手册全方位、多角度地阐述了心理服务的工作内容，力求贴近基层工作者实际情况，涵盖面广，实用性强。针对基层工作者需要面对的各类问题，既有清晰而明确的说明，也有简约而具备针对性的指导。书中对各种疏导和咨询常用的技术都有介绍，并且辅以案例，让读者更容易理解，也更容易运用这些技术。

本手册适合基层社工、基层医务工作者、基层调解师、心理疏导师和一线心理学工作者使用，也适合对社会心理服务感兴趣的读者阅读。

◆ 主　　编　徐凯文　柳智宇　宋　彦
　　责任编辑　柳小红
　　责任印制　胡　南
◆ 人民邮电出版社出版发行　　北京市丰台区成寿寺路 11 号
　　邮编 100164　电子邮件 315@ptpress.com.cn
　　网址 https://www.ptpress.com.cn
　　北京盛通印刷股份有限公司印刷
◆ 开本：880×1230　1/32
　　印张：7　　　　　　　　　　　　　　2021 年 9 月第 1 版
　　字数：18 千字　　　　　　　　　2024 年 12 月北京第 8 次印刷

定　价：59.00 元

读者服务热线：（010）81055656　印装质量热线：（010）81055316
反盗版热线：（010）81055315

广告经营许可证：京东市监广登字 20170147 号

专家指导委员会

编委会名单

序言

走一条中国模式的社会心理健康道路

心理学在中国正在经历前所未有之大变局。作为西方舶来品，心理学进入中国已有百余年的历史，从改革开放后重开心理学系开始，又经过了 40 多年。在我国实现广大人民群众对美好生活的向往的伟大历史性发展目标中，国家第一次提出了社会心理服务体系建设的任务。从 2018 年开始，我作为国家卫健委精神卫生与心理健康专家委员会的委员，有幸参与了社会心理服务体系建设的试点工作，主要参与的是黑龙江省牡丹江市和云南省临沧市的试点工作，同时也参加了部分其他省市的督导工作。

对我而言，这是难得的机会，让我能够深入全国各地，实地了解如何在基层开展心理健康工作，让心理学服务于最广大的人民群众，实现全民心理健康。我的这些调研和实践工作的结果与其他试点地区的结果一样，我们深感要实现全民心理健康的目标，完成社会心理服务体系建设的重任，对我们这个人口世界第一大国而言，专业人才匮乏是最大的瓶颈，无论是精神科医生、心理咨询师，还是社会工作者。社会心理服务体系的总体建设蓬勃发展，需要大量人才参与基层心理服务，然而大学培养的心理学专业"科班"人才，培养时间长、人数少，而且其就业去向也极少流向基层，尤其是极少流向广大基层社区和农村，所以，心理学人才在社会心理服务体系建设中可以说是杯水车薪、捉襟见肘。

那怎么解决这个问题呢？在调研过程中，我想到在二十世纪五六十年代，中国同样经历了缺医少药的情况。当时，毛泽东主席在阅读《三国志张鲁传》时注意到，东汉末年张鲁曾经在汉中实现全民免费医疗。这个史实对毛主席深有启发，在此基础上，毛主席提出了一个创造性的制度——建立中国特色的赤脚医生（乡村医生）制度，即将具有初步文化教育水平的农村青年，经过短期的着重实效的培训，培养成村民身边的医生。记得在我小时候，家里就有一本绿色封面的赤脚医生手册，我翻看这些手册并从中学到了很多有助于健康的医学常识。党和政府创立的这种医疗制度对人民群众的身体健康发挥了关键的作用：生活在村民身边的赤脚医生提供 24 小时服务，且不需要挂号，那些不是特别严重的常见病在村里就能够得到及时的医治。解放初期，中国人和印度人的平均寿命相似，只有 35 岁。在实施了赤脚医生制度之后，中国人的平均寿命迅速与印度人的差距拉开了——中国人的平均寿命比印度人的平均寿命增幅要大得多，很快达到了 65 岁。也就是说，这个伟大的创举大大提高了我国人民的身体健康水平，延长了我国的人均寿命。该制度也得到了世界卫生组织的高度赞誉。

那么，我们能否将心理学这个舶来品取其精华、去其糟粕，结合中国的实际情况，为最广大的人民群众服务呢?

在我国，不论是在农村还是城市，大家的身体疾病和心理问题往往密切相关。譬如，慢性疼痛常由情绪及人际关系问题引发，但很多人对此缺乏认识，仅靠大量服用止痛药缓解疼痛，反而导致上瘾，这无异于饮鸩止渴。而在康复过程中，患者需要以良好的心态配合治疗，才能取得事半功倍的效果，但如何处理抗拒、疏导情绪、提升动机，又是另一门学问，所以很多人不得其解。

如果能编撰一本手册，并辅以相关的培训，一是帮助基层医务工作者、广大社工掌握基本心理学知识，二是在治好患者的身体疾病之余，也帮助患者疗愈心灵的伤痛，三是能促进医患关系改善，提升医务工作者的自我照顾意识，避免职业耗竭，这不失为一桩三全其美的善事。随着国家和地方政府在政策和经济方面的进一步扶持，加上本手册的出版和社会各方的共同推动，会让心理健康的春风真正吹遍全国上下，福泽亿万同胞。

我提出的这个设想得到了很多心理学界专家和同行的赞同与支持，也得到了黑龙江省牡丹江市、云南省临沧市领导和专家的支持与肯定。2020 年，在多方参与和支持下，我担任中国生命关怀协会·社会心理服务工作委员会主任委员，柳智宇担任副主任委员。我们邀请牡丹江市南山医院宋彦院长加盟，合力推动本手册的编撰。当年 7 月，我拟定好了手册大纲，之后邀请许多心理专家共同参与，分头撰写不同章节，再邀请柳智宇副主任委员及其团队完成编辑与优化工作。我们这个团队由三个子团队组成，即大儒心理团队、柳智宇副主任委员带领的佛系心理团队，以及牡丹江市宋彦院长带领的心理团队和基层（及乡村）医生团队。

编委会既有心理学方面的专家，又有在基层工作、最熟悉和了解农村与基层情况的乡村医生。本手册在编撰过程中遇到的挑战之一，在于如何选取简单易学、容易操作的知识，然后尽量用简明、易读的语言阐释。坊间已有许多书讨论丰富多元的心理知识和助人技巧，但鲜有足够通俗明了、切中基层医务工作者需求的内容。我希望本手册可以减少心理学艰难晦涩的专业词汇，以真正做到在基层普及心理学知识。为达成这个目标，我把在旧书市场上买的《赤脚医生手册》带到会议现场，让大家浏览观摩，也多次向大家呈现如何转换语言风格，调整所用词汇，以便让普通老百姓也看得懂。即使经过反复讨论，我们一开始的文字还是过于"高、上、洋"，在征求了百余位牡丹江市和临沧市乡村医生和社区医生的反馈意见（这些建议对引导修订过程有很大的帮助，尤其能让内容聚焦于真正对实操有用的方面）后，经增补、删除，本手册内容更加契合基层医生的需求，逐步实现了"接地气"的目标，即让乡村医生和基层医生读得懂、学得会、能应用。尽管本手册无法将他们的建议全部纳入参考，但未来我们仍会继续依照他们的回应，发展更优化的版本。

在编撰过程中，关于被帮助对象的称谓方面，我们也做了一番思考。除了在所引用的《中国心理学会临床与咨询心理学工作伦理守则》的内容中，保持"来访者"这个称谓，以及涉及具体病症时使用"患者"这个称谓，其他时候，我们用"当事人"这个称谓。一方面，这个称谓可以涵盖所有助人方面，毕竟社会心理服务的理念之一就是主动服务，所以我们服务的对象不一定是心理学上所称的"来访者"。另一方面，这个称谓也比较中性，避免使用"患者"而让被帮助者产生羞耻感。另外，为了方便阅读，在不涉及具体人员的时候，我们用"他"泛指所有人，而非单独指代男性。

此外，本手册仅有 8 万字左右，每一节的篇幅仅有千字左右，却必须讲透一个知识点。因此，本手册几乎每一章都不能直接套用现有心理学教科书上的知识架构，必须重新梳理，大幅简化，同时又不能遗漏实务工作中的重点。感谢编委们于百忙之中重新整理框架，组织编撰工作。前期大家还在摸索阶段，很多章节的写作还是依循目前已有的心理学教程，难以达到普及知识的目的。在几位主编的指导下，我们最终对各章节做了大量修订，形成了现在的版本。

经过约大半年的高效工作，我们终于集众人之火焰，撰写出了我们希望能为实践者提供参考的手册。

我要向下列诸位表达真挚的感谢，他们对于本手册的付梓出版做出了自己宝贵的贡献。

柳智宇委员近些年一直在推动中国心理服务行业的规范化、公益化、本土化，我们就此有很多交流。鉴于心理服务行业需求大、入门难、市场不成熟，柳智宇委员也希望编写一本简要的入门手册，本手册能够完成，无疑与他持续提供支持是分不开的。

慈善家、社会活动家肖昱欣老师一直支持柳智宇委员从事心理服务的推广工作。

感谢所有在其中为之付出努力的专业人员，他们竭尽所能的努力最大限度地保障了本手册的高品质。

作为新时代的心理学工作者，我们希望探索出最适合中国国情和社会心理服务体系建设的道路，让心理学知识惠及全体国民，发展有中国特色的心理学，为全民心理健康服务做出应有的贡献。这本手册是我们的初步尝试和努力，恳请各位领导、各位同行指正。

徐凯文

2021 年春

于北大肖家河教师小区

目录

6 第六章
精神障碍的识别与干预

7 第七章
心理危机的处理和应对

8 第八章
心理服务的方法与技术

第一章

绪论

第 1 节　心理健康与身体健康

世界卫生组织给健康的定义为：一种身体上、精神上和社会适应上的完好状态。这个定义包含三个基本要素：

1. 身体健康；

2. 心理健康；

3. 有能力适应社会、处理好人际关系和工作等。

人们常忽略躯体健康和心理健康的关联。实际上，人的心理健康每时每刻都在影响躯体健康。如果一个人长期处于抑郁、焦虑、愤怒等情绪状态，不但其正常的饮食、睡眠会受到干扰，而且其消化吸收、免疫、内分泌、血液循环等也都会受到影响，从而使人虚弱乏力，抵抗力降低，疾病自然就会乘虚而入。反之，躯体疾病也会引发患者的过度担忧，让其产生抑郁、怀疑等不良心态，还可能导致较为严重的心理问题。

社会适应能力也与心理、躯体健康密不可分。从广义上说，社会适应能力也是一个人心理素质的一部分。而大部分心理问题都和社会适应，尤其是和人际关系有关。

以夫妻关系不好为例。妻子爱发脾气，生丈夫的气，平时也经常闷闷不乐；丈夫则因为不愿意被妻子数落，经常和朋友喝酒，很晚回家。这其中既有人际关系问题，也有双方的心理问题，而心理问题又会影响双方的身体健康。举例来说，如果妻子有糖尿病，因为生气，她的血糖水平会开始波动，从而导致血糖控制不好；丈夫则因为长期烦闷及酗酒可能会患上肝硬化或其他疾病，双方的躯体健康都因夫妻关系不好受到了严重影响。

身体健康有标准，那么心理健康的标准又是什么呢？

结合国内外心理学家的观点，现简要列举如下。

1. **有现实感。**能客观地感知自己和环境，而非沉浸在自己内心的幻想之中。

2. **情绪健康。**日常状态平稳，以正性情绪或中性情绪为主，不过度低落或亢奋；遇到挫折或不愉快时能有效调节自己的情绪，不会冲动失控，能接纳自己的负性情绪并进行适度表达。

3. **意志健全**。有较切合实际的生活目标，这一目标与个体的价值观、内心需要及能力天赋相协调。有适度的主动性，能采取较有效的行动，以实现目标。

4. **自尊自信**。充分了解自己，且能对自己的能力做出适当的评估，不过分夸耀自己也不过分苛责自己，不过分追求别人的赞许。能适当发展自己的兴趣、爱好、能力及天赋，在生活中能体验到成就感和价值感。

5. **人际和谐**。在人际互动中有适度的安全感和信任感，有爱他人的能力和被他人爱的能力，能体察到他人的需要和感受。能与一般人友善互动；对性格古怪、扭曲或心存不良的人也有一定的应对能力，不会轻易被剥削或伤害。

6. **适应工作（或学习）和生活**。个人价值观适应社会，对自己的工作（或学习）能集中注意力，有从经验中学习的能力，能适应环境需求适当调整自己。

7. **心理特点与年龄相符合**。智力、情绪、行为等发育正常。

前六个标准，多针对成年人；对于儿童则需考虑年龄因素而进行相应的调整。

第 2 节　什么是社会心理服务

人是社会关系的总和。人是社会动物，个人的心理健康和周围的社会环境息息相关。为提升全民心理健康水平，需要医疗卫生、教育、心理咨询、政法等所有相关行业乃至全体人民的共同努力。

社会心理服务需要相关行业的通力合作，通过心理宣教、心理疏导、心理咨询及心理治疗等方式，为个体、家庭、团体或组织提供服务，促进个体心理健康和自我发展，促进家庭幸福，提升全社会的心理满意度与幸福感。

第 3 节　心理服务的重要性

十九大报告指出，"中国特色社会主义进入新时代，我国社会主要矛盾已经转化为人民日益增长的美好生活需要和不平衡不充分的发展之间的矛盾"，应当加强社会心理服务体系建设，培育自尊自信、理性平和、积极向上的社会心态。这些论述为社会心理服务工作者提出了具体的要求，也为他们指明了工作方向。

个人的身心健康会影响家人的福祉、单位的绩效，也牵动着亲友、同事、乡亲的心。个人严重的心理问题可能会引发一系列危害社会的恶性事件。精神障碍患者不但自己无法有效工作，减少了社会劳动力，也有可能成为社会不稳定的重要因素。因此，近些年来，党和国家对全民的心理健康、对社会心理服务都给予了高度重视。

医生作为卫生系统的基层服务人员，其业务范围本身就涉及身体和心理健康。医生一般具有较高的教育文化水平，有一定的威望，又了解当事人的情况，所以是从事心理服务的较好人选。具体而言，医生可以做到以下几点。

1. 通过普及心理知识，医生可以在一定程度上预防当事人出现心理问题及心理疾病。

2. 通过心理疏导，帮助已经出现心理问题的人恢复心理健康。

3. 对有精神疾病或严重心理问题的患者，及时识别，劝说其转诊到正规医院的精神科或专业心理服务机构，并给予日常关怀和支持，督促其服药。

4. 对于出现严重自杀倾向等心理危机的来访者，在专业团队的配合下及时劝导安抚，避免其出现过激的行为。

第 4 节　社会心理服务体系建设工作伦理

每个行业都有自己的伦理规范。心理服务涉及当事人的心灵深处，比治疗身体疾病更需要遵循严格的伦理规范。因为人的心灵是非常敏感和微妙的，不符合服务伦理的行为会影响当事人的心理状态，干扰乃至严重损害心理服务的进程。

根据中国心理学会 2018 年制定的《中国心理学会临床与咨询心理学工作伦理守则》（第二版），为方便大家理解，我们简述其中的基本原则及各个条目。感兴趣的读者可以查阅原文。

基本原则

善行：以来访者的福祉为重，尽可能令其获益而避免伤害。

责任：保持专业水准，认清自己的责任（包括专业责任、伦理及法律责任，也要承担社会责任），维护心理服务行业的信誉。

诚信：凡涉及心理服务的场合，都要保证所传递信息的真实性。

公正：公正、谨慎地对待相关工作及人员，避免因自己潜在的偏见、能力局限、利益冲突等而导致不当行为。

尊重：尊重每个来访者，尊重民族文化、宗教信仰的差异，尊重对方的隐私权和自主权。

内容简述

(一) 专业关系

医生应与来访者建立良好的专业关系，这种关系应该是较为纯粹的，能服务于对方身心疗愈和发展的。

1.**避免权力滥用**。应清楚认识自己可能被来访者当作权威，不得利用其对自己的依赖或信任剥削对方，或者为自己及第三方谋利。

2.**多重关系问题**。要尽量避免复杂利益关系、商业合作关系、家庭关系等，尽可能避免对心理服务带来的负面影响。尤其要避免和服务对象的性关系及亲密关系。当多重关系不可避免时，应采取措施预防损害对方福祉的潜在危险，包括告知多重关系可能的风险、寻求专业督导，并做好相关记录。

3.**不得乱收费**。

4.**加强同行合作**。有困难及时向督导或领导汇报，与精神科医生、心理咨询师等加强合作。

5.**及时转介**。对患有精神疾病或具有较严重的心理问题的来访者，及时转介到正规医院的精神科或者转介到正规的心理咨询机构。

6. 中断或请假。 不随意中断专业服务，如遇出差、休假等，要尽早向来访者说明，并做好相应安排。

此外，还有上文提到过的尊重来访者，尊重文化的多样性，尽量避免伤害等。

（二）知情同意

尊重来访者的知情权和自主选择权。对于所采用的心理服务方式，尤其是特殊的心理技术，需要提前告知来访者，双方的权利、责任、义务要明确。服务过程中可能出现的现象、各种身心反应，服务的好处及风险，也需要让对方知情，并做好心理准备。

（三）隐私权和保密性

医生要尊重来访者的隐私权，隐私权受国家法律保护。不可随意把来访者的内心想法、家事等对方透露给自己的各种信息跟其他人说，除非遇到以下保密例外的情况：（1）当事人有伤害自身或他人的严重危险；（2）未成年人等不具备完全民事行为能力者受到性侵犯或虐待；（3）法律规定需要披露的其他情况。

关于隐私及保密,还有以下注意事项。

1. **知情同意**。医生在开始深度的心理服务之前,有责任向来访者说明工作的保密原则及保密例外情况。只有在得到来访者书面同意的情况下才能对心理服务过程录音、录像。

2. **保密例外处置**。遇到保密例外中(1)、(2)所述的情况,医生有责任向服务对象的合法监护人、可确认的潜在受害者或相关部门提出预警。遇到法律要求披露相关信息的情况,医生有义务遵守法律法规,按照最低限度原则披露有关信息。此时,需注意要求法庭及相关人员出示合法的正式文书,并提醒他们注意信息保密。

3. **记录保管**。应按照法律法规和伦理规范在严格保密的前提下创建、使用、保存、传递和处理专业服务相关信息,包括个案记录、测验资料、信件、录音及录像等。

4. **专业活动的保密**。心理服务工作者参加案例讨论、接受专业督导或从事教学、科普宣传、科研写作等需采用专业服务案例时,应隐去可能辨认出服务对象的相关信息,并避免使用完整案例。

5. **场地对保密的影响**。诊室的私密性有时无法保证,需要适当提醒患者、不宜讨论过于私密的问题。

（四）专业胜任力和专业责任

医生应学习相关理论和科学知识，在能力范围内提供服务，不要使用没有充分掌握的心理技术。

应关注自我保健，避免自己的负性情绪状态影响到心理服务。

（五）心理测量与评估

心理测量应选用在国内获得认证且适合受测人群的有效测量工具，测试人员需经过专业的培训并掌握测量工具使用方法后方可使用。

对于心理测量的结果，需给予受测人准确、客观及对方能理解的解释。量表一定要慎用，如果使用，对测量结果的解释也很重要，避免标签化、污名化，避免不正确的、不必要的、有伤害的心理暗示。

心理测量的内容及答案解释的方法不应向非专业人士泄露，以保证测量的有效性。

第 5 节　医务助人者的专业耗竭与自我照顾

在对当事人进行人文关怀和心理疏导的同时，医务工作者也要有一些对自己的保护和必要的规避。

(一) 辨识压力源

可能的潜在压力源包括以下三个方面。(1) 工作方面：与当事人的工作关系遇到僵局；出现当事人高度依赖、危机求助、投诉抱怨等情形。(2) 个人方面：与家人 / 好友之间的矛盾等。(3) 环境方面：时间太少，任务太多；组织限制规定；不切实际的要求；经济压力等。

适当且及时的压力调节对于维持助人效能是必要的。一方面，压力累积到一定程度后，你就可能陷入耗竭、烦躁、共情疲劳等更棘手的状况中；另一方面，确保自己不是在"负伤"状态下工作，对当事人才是更负责的。

(二) 警觉专业耗竭

助人者的工作强调给予、帮助他人，而容易在自我照顾方面意识不足，引发"专业耗竭"—— 一种常常由工作压力引起，让人在身体、情绪以及心理上感到精疲力竭的状态。它并非一蹴而就，而是慢慢累积形成的结果。它最终让人感到无助，并且对自己、工作、他人、生活都产生负面感受。

常见的情况包括但不限于以下几种。

1. 倾听对方的伤痛故事，自身情绪与状态被其叙事或情感所影响。

2. 同理心的透支使用，导致共情疲劳，你可能会感觉自己关心他人的能力被耗尽。

3. 目睹和陪伴创伤事件当事人而产生次级创伤或替代性创伤。

4. 工作频遇挫折或高难度事件，缺乏支持和成就感，长此以往出现意义感缺失。

除了身心疲劳的状态，还有一些征兆或许也代表你正在经历耗竭，包括对当事人出现贬损评论、想远离和减少接触当事人／工作相关事务、对当事人的痛苦感到麻木等。

（三）避免助人纠纷

助人工作是一场有风险但有价值的冒险旅程，但也不必过度焦虑，你可以在以下方面多加注意，做好准备。

1. 和当事人互动时展现专业、真诚、开放、谦逊的态度，留意自己的言行，呈现出对来访者的尊重，这样才能从长远的角度建立相互信任的关系，避免纠纷。

2. 履行必要的告知义务，运用好知情同意的流程。如向当事人澄清你的角色、责任，以及当事人自身的责任，可以介绍你会怎么帮助他们，而哪些事是你不能做或做不了的，获得他们的同意。

3. 留意保密原则的限制，也确保让当事人了解这些限制。

4. 在有任何法律伦理问题时，及时寻求专业人员的帮助，仅在自身具备相关能力与资格的条件下为受助者提供帮助，对那些超出自身能力范围的当事人提供转介，同时持续提升自身的能力。

5. 标准、规范地记录和管理相关档案。这对于面对诉讼时进行辩护也很重要。

6. 如果你通过专业判断确定当事人处于自伤或伤人的危机中，采取必要行为保护当事人或他人不受伤害。

7. 不要向当事人承诺任何你做不到的事或者提供不了的服务；避免将自己的价值观强加于来访者。

8. 让当事人知道他们随时有权利结束助人关系。

（四）压力管理

1. **调整自我挫败、自我苛求的内在对话。**如果你告诉自己必须无所不知，要时刻表现得有能力且无私才是胜任这份工作的表现，那你很容易对手头的工作感到沮丧或焦躁。当事人的问题和痛苦是他们自己的经历，他们自己需要承担一定的责任并与你合作共同解决问题。如果你承担了当事人好转的主要责任，就减轻了他们自我管理的责任，也给自己增加了新的压力。

当你陷入无力和压力中时，你需要检视自己的基本假设和信念，调整那些不合理的信念和自我要求。

以下列举一些助人者常有的自我挫败的对话。

（1）我的工作就是帮助别人，我不能自私，我必须把他人的利益放在我的利益之上。

（2）当有人需要我时，我应该立即回应，如果我做不到，就说明我不够关心他人，也不适合这份工作。

（3）如果当事人感到痛苦，我应该始终能帮他们减轻痛苦。

（4）如果当事人停止求助，很有可能是我的过错。

（5）我必须表现出胜任力，必须赢得当事人的信任。

2. **自我照顾**。身为助人者，你需要发现自己维持活力和好状态的方法，自我照顾可简单分为五个方面的关怀，以下是一些例子，你也可以进行头脑风暴，发展出自己的方法。你可以把自己的方法记在平常能看到的地方，提醒自己。此外，自我照顾需要坚持不懈地进行，而非一劳永逸。

（1）身体生理的关怀。从五感（视、听、嗅、味、触）的角度给身体不同的关怀。例如，闻熏香，泡热水澡，跑步，观看让自己感到心情放松的风景照片，听音乐，做冥想、按摩、瑜伽，养成良好的饮食习惯，等等。

（2）认知智力的关怀。阅读喜爱的书籍，参加感兴趣的课程，从工作中切换思路，让大脑享受有意思的知识带来的愉悦。

（3）情绪情感的关怀。和关心自己的人分享内心的感受，获得支持和滋养；做一些让自己觉得被安慰／幸福／开心的事；用温柔的口吻对自己说"辛苦了，我爱你"等。

（4）社会人际的关怀。与互相信任的同事交流信息和观点，感受同事情谊带来的支持感，互相倾听，及时求助；做些让自己能暂时脱离工作压力的娱乐活动；与能带给自己滋养的人增加互动，发展平衡的生活。

（5）精神层面的关怀。如有能够带给你和这个世界更深联结的东西，可以和它联结，获得力量。

第二章

与服务对象交流的技巧和方法

第1节 建立信任关系的三个法宝

世界上的大部分事情，都是通过人与人之间的合作完成的。信任是一切人际关系的黏合剂，是合作的基础。那么该如何建立和维护信任关系呢？有三个法宝可以帮助你和几乎所有人建立信任的朋友关系。

首先，我们要有开放、接纳的心态。

尊重、接纳对方的性格、价值观、生活习惯，接纳对方的悲哀、愤怒、急躁等各种情绪。指责、评判、否定对方，或者要求对方马上改变，这是人际交往的毒药。改变的道路有时是迂回的，有时进步较缓慢，或者先有进展之后又有退步。我们需要有足够的耐心，先接受现实，然后不断总结、改善。尊重和接纳的态度能促使对方更加真实地表达自己，而不用担心说错话被批评和惩罚，这样对方才能对你敞开心扉。特别是对于那些经常被拒绝、被忽略的人，尊重和接纳他们本身就具有疗愈的效果。具体来说，在对方说话时，我们要做到以下几点。

1. 认真倾听，不随便打断对方。

2. 不要急于下结论。

3. 不要指责、批评对方。

其次，能够换位思考。

从当事人的想法出发，设身处地、深入体验对方的内心世界，并以准确的语言说出对其内心体验的理解。当对方觉得我们能对他感同身受的时候，会更愿意说出心里话，也愿意接受我们的意见和建议。

最后，真诚温暖。

真诚温暖体现在我们能够真正关心对方，态度温和、自然，不急不慢，在细节上替他着想。就像温水一样，能让对方在其中沐浴，放松身心。在当事人抱着试试看的态度，忐忑不安又心存希望地来找我们的时候，更加需要温暖的氛围。我们要说真心话，有时可以讲讲自己的相关经历。例如，对方夫妻不和，那我们可以讲讲自己遇到夫妻矛盾是怎么处理的。我们的真诚很重要，这会让对方感到亲切，有助于营造安全的氛围。但真诚需遵循对对方有益的原则，不能说一些会刺激对方的话——不是什么都说出来，而是所说的都是真实的。正所谓，假话全不说，真话不全说。

第 2 节 以怎样的精神面貌提供服务

你的精神状态、目光、姿势、语音都会影响交流的效果。

（一）精神状态

要保持平和、稳定、积极乐观的精神状态。在工作开始前或工作中感到疲劳、有负性情绪时，可以适当放松，如稍微静坐、深呼吸、听音乐等，把负性情绪和生活中各种烦心的事情暂时放下。我们自身的负性情绪（如急躁、郁闷、愤怒等）都会影响我们所提供的服务的效果。

（二）目光

亲切、专注、耐心的目光能给对方带来安慰、放松和信任。具体来讲，可以注视对方眼睛之下、嘴唇之上的部分。

（三）姿势

我们的姿势和动作要大方、自然，对自身常有的一些小动作要保持觉察。

(四)语音、语调

舒缓而平稳的语音、语调也具有安抚情绪的作用。坚定的声音传达的信息是，我有能力帮助你，你的问题是可以解决的；语调柔和则能够营造一种温暖的氛围。同时还要注意，谈话的节奏要适度，过快会显得有些急躁，过慢则显得漠不关心。

第3节　如何倾听

倾听是信任和理解的前提。倾听时，我们并非仅仅是听而已，而是要用心体会对方的内心世界，及时回应并提出适当的问题，以帮助对方表达，同时营造一种尊重、理解、温暖的氛围。

具体来说，我们需要做到以下两点。

1.观察当事人的言行，深入对方的内心，仔细体验他的情绪、情感、想法和思维方式。

2.把这种体验和理解表述给对方，以验证我们的理解是否正确。

如何体会对方的内心世界？

首先，要放下架子，平等待人。让自己和倾诉者处于平等的地位，耐心地倾听，不要说教和批评。倾听首先是一种态度，就是我们在心里始终坚信，对方这样的情绪和行为一定是有原因的。

其次，以己度人。倾听时需要用心，调动各种感官以及自己的经验，理解对方的感受。例如，对方说一件很痛苦的事情，你或许没有经历过那样的事情，但你可以用自己过去的痛苦经历辅助自己体会当事人的痛苦。事件或许不一样，但痛苦的感觉往往是类似的。不过，在运用自己类似经验的时候，也要注意两个人的经验是有差异的，所以自己的感觉只能作为理解的参照，而不能完全套用。

最后，不要着急。即便对方讲的内容是我们已经熟知的，仍然需要给对方一些陈述时间，看看有没有新的内容。如果对方讲的内容是我们不熟悉的，更不要急于下结论，可以通过提问慢慢了解对方的实际情况。

第4节 如何训练换位思考的能力

（一）放下自己的偏见，培养开放的心态

要记住：我们坚定地相信某件事，并不意味着它肯定是

对的。学会换个角度看待别人。每个人都有自己的难处，不身在其中就难以体会。所以，不要轻易给人贴上"懒惰""抱怨多"等标签。

（二）阅读发展想象力

想象力能帮助我们理解他人。研究发现，阅读小说的人往往更擅长理解他人。因此，我们可以广泛阅读描述各类社会人群的作品，并深入体会。

（三）保持对他人（包括陌生人）生活经验的好奇心

有好奇心才会想走进对方的内心世界。我们可以接触、了解甚至实际体验其他人的生活。正如格言中说的，要了解一个人，需要"穿上他的鞋走一千米"。随着了解或体验的深入，我们会真切体验到对方所面对的困难。

第5节　如何回应对方的述说

在倾听的同时，我们需要做出适当的回应。这时，不应马上给出建议或结论，而应先对当事人所说的内容有选择性地摘要重述。这种回应一方面表明，我们在积极理解对方，跟着对方的思路走，从而促进对方做出更进一步的表达；另一方面，我们可以确认自己的理解是否到位，以及对方的表述是否全面。

具体的回应方式有以下几种。

1. **跟随式回应。** 简要重复当事人的原话，这可以体现出我们认真、好奇的倾听态度。

2. **引领式回应。** 超越当事人的原话，以新的视角呈现相关信息，这可以将话题引向一个新的领域，尤其是较为积极的领域，如当事人渴望改变的方向、已经做出的努力等。

3. **情感回应。** 陈述当事人明确表达出来的或隐含的情绪感受，用以表达对他内心感受的理解。

4. **双面式回应。** 对当事人矛盾心态的两个方面都进行回应，促进其面对矛盾，这类似于后文讲的面质。

5. **放大式回应。** 夸大陈述当事人的话，常常是通过继续强调其言语中绝对化或不恰当的地方，表达对这部分的疑问，促进其觉察。这种方式可能被对方理解为嘲讽，所以我们需要在心态和语气上十分注意。

6. **综合回应。** 综合当事人此前说过的许多内容，在深度理解的基础上给予回应，促进当事人的深入觉察和反思。

以下给出一些示例。

[示例1] 我知道自己不应该这么做，但她要是能退一步，

局面也不至于这么火爆啊。这些事也就不会发生了。

跟随式回应：嗯，她要是能退一步就好了。

引领式回应：你多么希望这些事没有发生，你希望能改变这个局面。

情感回应：这个局面让你心烦意乱。

双面式回应：嗯，她有一部分责任，同时另一方面，你知道你本可以不那样做的。

[示例2]我最近一直心情低落。我也一直在尝试通过别的事情缓解心情而不是靠喝酒，但都不管用。只有喝上一杯才能让我心情好点。

跟随式回应：你只能用喝酒来缓解心情。

引领式回应：虽然不太顺利，但你一直在寻找喝酒以外的方法缓解心情。

情感回应：努力了半天也没有什么结果，你很无奈。

双面式回应：你知道喝酒可以在短期内管用，同时你也知道这不是长久之计。

[示例3]我的朋友发微信找我帮忙，我当时没看到，后来我看到了赶紧回复，但他却没有回我的。我很担心，怕他不高兴。

放大式回应：似乎你必须满足他的要求，必须让他高兴。

综合回应：我想起你此前也提到过几次，在人际关系中特别怕别人不高兴，所以你会尽自己最大努力满足别人的要求。我感觉你好像一个害怕被父母惩罚的孩子，而其他人好像都是严厉的父母。

对于回应，要注意以下几点。

1. **回应的深度要与情境相匹配。**我们对当事人所说的话的意思知道得越少，就越要减少发挥，尽量采用跟随式回应。谈话的开始阶段和尾声阶段，多用跟随式回应。而在谈话的中间（核心）阶段，回应的深度应该逐渐加深。对于那些难以控制情绪的当事人，跟随式回应可以让当事人保持情绪稳定，所以可能更合适一些。

2. **回应当事人认为重要的部分和我们认为值得深入探索的部分。**当事人会讲很多内容，我们没必要把所有的内容都重新说一遍。其中，当事人觉得非常重要的部分，我们必须给予回应。我们也可以选择值得深入探索的部分加以回应。

3. **我们回应的内容会引发当事人的重视，对谈话的方向有一定的引导作用。**在充分理解对方内心的前提下，我们可以适当强调事情积极的部分，以帮助当事人看到这部分。例如，上面示例中的引领式回应，强调了当事人改变的意愿以及所做的尝试。而在双面式回应中，应把当事人理性的一部分放在后半部分作为强调。

第 6 节　如何理解非语言信息

在谈话的过程中，除了语言所传递的信息外，眼神、表情、手势、姿势、动作等也会传递很多信息，这些都可以帮助我们更好地理解当事人。同时，我们也可以运用非语言信息传递关心、理解，给对方力量。

（一）目光

如果当事人走进房间时目光游离、呆滞，眼神散漫，回避我们的视线，则表明他内心局促不安、无助、绝望。当事人向上看，可能是在思考；低着头向下看，则可能是心情有些沉重或避免目光接触。

（二）躯体动作

无论坐姿、站姿、点头，还是手、脚摆放的位置，都能传递个人的某种信息。例如，对方刚开始坐姿紧张、双腿并拢，双肩微耸，双手十指相扣，这传达出对方内心的紧张；双臂交叉抱在胸前，或者跷起二郎腿摇晃，则表明了对方具

有防御和抵抗的心态；指尖不由自主地颤抖，或者重复同一
个动作、摆弄物品，体现的可能是对方内心的焦虑。

（三）面部表情

情绪可以通过面部表情呈现出来。例如，当我们说到
"你刚才说，读初中时是你最快乐的时光"的时候，当事人脸
上露出会心的笑意。或者，当事人说"我不恨我的母亲了"，
但其面部表情僵硬，头部高抬，眼睛不看向我们，那么，其
肢体语言透露出来的信息是他并没有真正原谅他的母亲。

（四）声音特征：语气、音调、声音高低、强调、停顿

对方说话很慢、很弱，可能是他觉得很悲伤，情绪低
落，或者犹豫要不要说出来；而音调高、语速快则可能是
焦虑紧张、情绪激动或愤怒的信号；声音突然变大或故意压
低语调，也可能表示强调。对方停顿下来并注视着我们，表
明他希望谈话内容能引起我们的注意或回应。处于焦虑中的
人也可能语言流畅性较差，出现口吃、口误、词语重复的
现象。

（五）其他身体反应：呼吸、出汗、脸色变化等

当事人呼吸急促，可能是你们所谈的事情引发了他的不
愉快的情绪体验或曾经的不良回忆，也可能表明他的内心体
验极为矛盾。当事人出汗，可能因为激动、紧张、胆怯或恐

惧。当事人的脸色变化也可以反映他内心感受的变化。例如，羞愧会让人脸红，过分的紧张会让人脸色发白，等等。

最后，总结提示几点。

1. 对于非语言信息的理解，要依靠丰富的实践经验，以上仅仅列举了一些可能的情况，仅供参考，并非绝对标准。

2. 对非语言信息的理解，要与语言信息相结合，且要跟对方确认，不能乱猜。

3. 观察到非语言信息之后，我们有以下几种回应的方式。

（1）描述自己所观察到的内容，并且试着由此理解当事人的感受，例如，"我看到你谈到这件事情时指尖有些颤抖，我想你是不是有些紧张？"

（2）描述自己所观察到的内容，并且直接询问对方这些内容代表了什么。例如，"我看到你刚才长叹了一口气，你能告诉我你想到些什么吗？""如果你的眼泪会说话，它会告诉我们什么？"

（3）如果回应的时机不到或者不必要给予回应，也可以什么都不说，继续留心观察。

第7节　应该怎样处理交流中的沉默

沉默大体有以下几种类型。

（一）思考型沉默

在内心被触动时，当事人可能会出现沉默，因为他在思考。这时，我们需耐心地观察和等待，让他充分进行思考和体会。这类沉默也是当事人产生顿悟的契机。

（二）茫然型沉默

在感到不确定时，当事人也会出现沉默。这时，我们可以通过提问帮他澄清。例如，"你可以告诉我你现在在想什么吗？"这种情况下，长时间的沉默会导致对方越来越紧张。

（三）冲突型沉默

冲突型沉默是指当事人有愤怒、恐惧及内疚感等负性情绪，但自己压抑着，从而表现出沉默。这时，要尽量疏导、缓和，并安抚对方。

（四）防御型沉默

有时，当事人的心理防御很强，不说话，也不回答问题。这时，倾听和陪伴本身就是一种疗愈。也可以考虑用画画、沙盘等方式帮助他打开心扉。

第8节　如何提问

（一）提问的种类

提问可以分为开放式提问和封闭式提问。

开放式提问。常常以"什么""怎么""为什么"等引导的词发问。让当事人就有关的问题、事件给予较详细的叙述。这样的问题可以引起一个话题，使对方更多地讲出有关情况、想法、情绪等。

封闭式提问。就是能够以"是"或"不是""有"或"没有"等一两个字给予回答的提问。例如，"真的是这样吗？""你现在最关心的就是这件事了，是吗？""他当时没有表示同意？"这类问题在会谈中具有收集信息、确认事实、缩小讨论范围等作用。另外有一些问题询问的是一些非常具体的信息，也类似于封闭式问题。例如，"你平时几点上班？"封闭式问题可以让我们了解一些基本信息，但若过多使用，会减少当事人表达和探索的动力。

（二）提问的原则及误区

好的提问就像陪当事人进行心灵散步，要基于彼此的关系，尽可能随谈话的发展过程自然地提问；基于当事人的日常用语提问；要问一些当事人关心的问题，帮助他把他关心的事情讲清楚。

不合适的问题，可能有以下几种情况。

1. **只问我们自己关心的问题。** 不考虑当事人的感受及其关心的点，让对方感到突兀、尴尬、被冒犯。

2. **使用对方不理解的专业术语。** 例如，使用"原生家庭""焦虑""抑郁"等较为专业的词汇，而这些词汇当事人可能从没听说过。

3. **只为收集信息。** 提问的时候好像是在进行社会调查或者收集信息，只想要一个答案，而未体现出真正关心对方的态度。

4. **像老师在出题。** 好像老师在给学生出题，要求当事人必须给一个答案，而不是彼此交流探讨。

5. **像在给人"下套"。** 自己心里已经预设了一个答案，然后通过各种问题诱导当事人向自己的思路靠近，拉当事人"入套"，想方设法让当事人承认我们的理解是对的。

6. **提问思路不清楚。** 提问跳跃性强，东一个西一个，导致当事人的讲述思路经常被打断，在每个角度上都难以进行深入的谈论。

如果有以上情况，提问可能会有损双方的关系，并且破坏谈话的氛围，而当事人在不情愿的情况下提供的答案，也可能只是应付而已。

（三）提问的角度举例

1. 当前情况。 在谈话初期，首先要澄清当前的问题，包括具体发生了什么，令对方最纠结、痛苦、担心的是什么。

2. 问题的开始、发展和影响。 例如，"这种情况最早是什么时候开始出现的？""情况是怎么一步步发展的，中间有哪些变化？""这种情况对你生活各方面（可逐一问身体、情绪、工作、日常作息、人际交往等方面）的影响是什么？"

3. 目标和需要。 例如，"如果问题解决之后，你希望是什么样子？那时你会做什么？你的状态怎样？身边的人怎样？""你最在乎的是什么？""你内心真正想要的是什么？"

4. 资源。 具体包括对方已经采用的一些办法、已有的经验、过去的成功经历，以及有哪些人能帮助他。

1~4 这四个角度为一组，按澄清问题、分析问题、解决问题的顺序排列。

5. 情绪及非言语信息。

6. 认知。 例如，"这对你意味着什么？""如果这样，会发生什么？"

7. 行为。 例如，"在这种情况下，你为改善目前的情况做了哪些尝试？它们起到了什么样的效果？"

5~7 这三个角度为一组。当事人往往在思维、行为、情绪方面存在诸多非理性的地方，这可能是他们痛苦的根本原因。

8. 他人视角。 例如，"你身边的人 / 你的亲人 / 同学 / 同事会怎么看待这件事情？""如果置身事外来看自己，就像看一场电影，你能描述一下发生了什么吗？""如果你最好的朋友遇到了类似的处境，你会对他说什么？""最懂你的朋友 / 疼爱你的长辈听了这个故事后，你猜他会说看见一个什么样的你？"

9. 沟通方式。 例如，"当你跟他说这些的时候，你内心想达到什么样的结果？ / 你内心的状态是怎样的？""你是怎么跟他说的？""你觉得他理解你的意思吗？ / 听你这样说时，他们的内心是一种什么样的感觉？""对方说了什么？他说的这些引发了你内心什么样的变化？"

以上所有角度都是举例示范，并未包括所有情况，助人者可以根据当时的情况提出其他问题。只要对当事人有帮助的问题，就是适合的问题。同样，也不可一次谈话中问上述所有问题，而是要根据会谈情况决定。当然，助人工作者最好将这些问题转化成自己习惯且当事人能听得懂的说话方式，这样才能更好地帮助当事人。

第9节　如何澄清

当事人有时对自己问题的描述和理解并不清晰，这就需要运用澄清的方式帮助他表达清楚，找到问题的根源，从而确定他们真正想要的是什么。

（一）具体化

通过提问，帮助当事人把比较抽象和模糊的情况说得具体些。

以下列举一些示例。

"他们看不起我。"（问："他们"是指谁？）

"没有人喜欢我，我是个没用的人。"（问：你能具体讲讲吗，遇到什么事情让你有这种想法？）

"最近人际关系不好。"（问：你能具体讲讲，都和谁关系不好？）

"我很难受。"（问：是怎么难受呢／你能说一说发生了什么事使你有这种感觉吗？）

"医生，我得了抑郁症，你能给我治吗？"（需要问他怎么知道自己"得了抑郁症"，是在书上看的，还是有谁给他诊断过？有可能对方所说的症状只是偶尔有类似症状，然后就给自己下了结论。）

（二）帮助当事人梳理问题的线索

［示例1］

有一位当事人总觉得自己衣服上有灰尘，这种洁癖影响了他的人际关系和工作。通过访谈，我们得知，由于他妈妈的卫生习惯不好，他受到妈妈的影响，小时候卫生习惯也不好，并因为这个经常被同学嘲笑。后来他就特别在意个人卫生，哪怕衣服沾上一点点灰尘就会很难受。

医生："你认为自己是个不讲卫生的人吗？""现在班里的同学会因为你不讲卫生而嘲笑你吗？"

当事人："不会。"

医生："那你在担忧什么？"

当事人："不知道。"

医生："会不会担忧自己在家庭中养成的习惯，不由自主地显露出来，再引起别人的嘲笑吗？"

当事人沉思后说："我担忧的应该就是这个，担心类似的过往经历再现。"

［示例2］

一位抑郁症患者到咨询室后哭诉，说自己总和父母吵架，难以沟通。因为父母说他笨、学习不好，给他们丢脸了。他还说自己拼命学习，学到晚上睡不着觉，每晚只睡两三个小时。他说自己跟父母感情不好，讨厌学习。

医生："为什么你会主动地、拼命地学习，以至于每晚只睡两三个小时？"

患者："我不想让他们说我笨呀。"

医生："你跟父母感情不好，但你很在意他们对你的评价，他们说你笨，对你伤害很大。你内心很想成为他们心目中的好孩子，是吗？"

患者沉默，表示认可。

患者的主诉是和父母吵架，难以沟通。澄清的问题是他很想成为让父母满意的孩子，所以对自己高要求、低接纳，用攻击、争吵的方式表达自己的想法和需求，期望得到父母的关注和肯定。

（三）澄清当事人语言背后的意思

[示例1] 母女无法沟通

母亲说："你们什么都不干，家务都让我干！"

女儿不耐烦地说："知道了，我做还不行吗。"

母亲就恼火地说："把你们养这么大，我容易吗！"

澄清：妈妈的意思是说，你们长大了，应该做一些家务，她常年做家务，很辛苦。而女儿内心知道应该做，并且同意去做，但对妈妈的表达方式有些不耐烦。

这样澄清之后，可以帮助母女相互理解。

［示例2］父子冲突，长期互相不说话

父亲说："你是不想理我吗？"（言语背后的信息：1.我想和你沟通；2.感受到你对我的态度和对立情绪；3.担心儿子不会和自己沟通。）

儿子回答："你难道不知道我为什么不和你沟通吗？你不知道吗？！"（言语背后的信息：1.首先展示的是责备、对立、怨恨的情绪；2.以前沟通过很多次，你应该知道问题在哪里；3.沟通那么多次都没用，很失望。）

澄清：可以看出，爸爸还是很想和儿子沟通的。但因为以前的沟通都没有效果，儿子感到很失望，认为爸爸应该知道问题在哪里。

第10节　如何面质

面质，即指出当事人存在的矛盾之处，目的是促进当事人觉察到这些问题，鼓励他有效地面对和处理这些问题。

以下列举了一些矛盾的种类。

1. **两次口头陈述间的矛盾。**例如，"你说和他关系很好，但是随后你又说觉得他很讨厌，你怎么看这些？"

2. **语言和行为间的矛盾。**例如，"我有点困惑，你说你想要获得一个好成绩，但你又提到花很多时间玩游戏，你对这些怎么看？"

3. **两种表情或情绪间的矛盾。**例如，"我看到你在笑，但同时咬紧牙关。""你为丈夫的离世感到十分悲伤，但似乎还有一些愤怒。"

4. **观念和情绪的矛盾。**例如，"其实你很生气，但你内心有个声音说，'好女孩不能生气'。"

5. **自我认知与事实之间的矛盾。**例如，"你说没有人喜欢你，同时，你之前也曾说过有人请你共进午餐，你怎么看这些呢？"

6. **当事人和其他人（包括我们自己）观点的矛盾。**例如，"你认为你工作不努力，但很多人，包括我，都认为你做得很好。"

面质是强有力的干预方式，性格直爽的人可能会喜欢；但也有人会不习惯，感觉这种方式粗鲁、强势，或者觉得自己"丢脸"，被批评了。因此，面质的时候，注意不要伤害当事人的感情，尽量使用探索性、尝试性的语气，使用"好像""似乎"等表述。可以多使用问句，表达自己对当事人矛盾信息的困惑、好奇（而非批评、否定），然后询问当事人自己的看法。面质不是给对方挑毛病，以体现我们很厉害、观察敏锐，而是帮助对方觉知到以前被他忽略的部分。面质要基于双方的信任关系，它是一种合作式的探索过程。

第 11 节　如何提供信息

在帮助他人的过程中，有时，我们需要基于专业知识为对方提供一些信息。提供信息的目的不是强加信息，而是信息的交流。不能认为当事人自己的办法完全不正确，而我们的建议完全正确。因为当事人对自己的生活场景更了解，有些我们认为很自然的做法，可能他执行起来有很多困难，或者要克服常年的习惯，所以并不那么容易。此外，即便我们的办法是正确的，如果当事人并不真正信服，而只是迫于我们的压力表示接受，这些信息也不会产生很大的作用。因此我们在提供信息的同时，也需要注意询问、倾听对方的想法、疑问和困难。

（一）征求许可

提供信息前，先确定当事人想不想了解。有时候，当事人询问我们的意见，其实是以此作引子，目的在于说出他自己的想法，这时不妨鼓励他先说；等他说完自己的想法，我们先肯定其中合理的部分。在对方真正愿意听的时候，再提供一些信息，这时才会有帮助。此外，如果当事人处于严重的焦虑、烦躁、悲哀、愤怒等情绪状态下，就难以听取别人的意见，此时，不管别人说什么似乎都不是他想要的。这时可以先引导他做一些放松练习，等他的情绪平复一些再说。

在给建议之前，可以先询问一下对方此前尝试过哪些方法，效果如何，其中有没有可以总结的经验。还可以问一问有没有其他人可以帮助他，或者可以给他提供建议。要注意发掘当事人自身的资源。

可以先说"我了解的一些信息想提供给你"等，只要当事人同意我们分享信息，后面就不用每一次都征求其许可了。如果信任关系已经建立得很稳固，提供信息可以相对直接一些，不必反复询问。不过，偶尔还是要重新征求对方的许可："我再多讲一些，可以吗？"

以上情况有一种**例外**，当事人或其他人面临危险或重大损失时，我们可以更直接地给出信息。

（二）表达意见的注意事项

尽量提供有事实依据或标准依据且有针对性的信息，而不是只分享主观看法。一般的、泛泛的信息通常作用有限，甚至不如民间传言更能打动人心。我们需要有确凿的依据，以及针对当事人的具体情况的说明。我们也可以适当引用当事人自己讲过的话，或者采用他使用过的词汇，这样他更容易接受。

除了提供一些知识，我们也可以分享自己或其他人在遇到类似情境下的经验。我们可以说："我以前帮助过一些人，他们跟你的情况很像，他们发现……""不光你这样，我以前也遇到过这种情况，当时我……"通常，其他人在相同情境下的做法对当事人会有影响。

提供信息也要详略有度。不要一口气把自己知道的全都告诉当事人。可以先讲重要的和能打动人的部分，如果当事人希望了解得更多、更透彻，可以再说得更详细一些。

（三）询问当事人的看法

说完一段信息之后，需要及时询问当事人的看法，不要像讲课一样长篇大论地讲下去。如果当事人能很好地理解并接受，可以再接着往下说；如果当事人有疑问，我们需要及时做出一些回应和解释，帮助他进行理解。

在提供信息时，我们要允许当事人不同意我们的意见。这样反而能让他们更有机会听到我们的关切与担心。我们可以用"不知道这对你是否可行""不知道这是否符合你的情况"收尾。在当事人表达反对意见时，我们要耐心地询问他不同意的原因，或者执行中的困难之处，认真倾听他的诉说，并做一些探讨。在设身处地地理解他为什么这么想的原因及他的难处之后，我们再有针对性地给出一些信息，或者一起商量有没有其他合适的方案。在我们提供信息之后，要给当事人一些思考的时间，让他考虑这些信息对他意味着什么。我们有一种倾向，即想说明这些信息揭示了什么，并快速给出相应的结论。但请记住，如果是当事人自己想明白的，那这些信息所带来的影响会更强。

有时当事人不希望只有一个方案，而需要一些自主选择的空间。因此我们可以多提供几个选项，并询问其中哪一个可能最适合他。

第三章

如何与不同性格类型的人交流

第1节　急脾气的人

性格是人对事物所表现的经常的、比较稳定的理智和情绪倾向，并无优劣之分。在生活和工作中，我们经常会遇到特别爱着急的人，他们火急火燎的，不管什么事都必须马上做，你稍有怠慢或让他稍稍等候，他就会不满意甚至发脾气。

他们为什么那么着急呢？根本的原因是他们不能等待，有了需要立刻就要被满足，有了想法立刻就要行动。这样的人非常需要确定感，希望一切都在自己的掌控中，如果掌控不了，就会出现焦虑、烦躁甚至愤怒的情绪。

针对这样的当事人，在交流时要记住三个要点，即"**选择环境、注意方式、避免争吵**"。

（一）选择环境

如果条件允许，找个安静的地方，先请当事人坐下来，然后再开始交流。如果在人多嘈杂的地方，没有办法安静，就尽量听对方讲话的内容，然后可以对他说："你能慢点说吗？让我听得更清楚些，这样我才能尽快能帮到你。"

（二）注意方式

说话语调要低，语速要慢，带动当事人的节奏慢下来。说话内容要通俗易懂，简单明了，一听就懂，不拐弯抹角，不要让对方猜。要克制自己的情绪，理解他为什么这么急，接受他的急。让他先说话，并把话说完，你要认真地听他说，等他说完后，你再说。遇到性情急躁的人冒犯你，你可以暂时不用理会。如果你也是一个急躁的人，这时你需要提醒自己："我不能急。"然后深吸一口气，调整自己的情绪，对他说："我看到你有些着急，我能够理解你的心情。让我们一起看看有没有什么办法能够帮你尽快解决问题。"

（三）避免争吵

在当事人无法冷静下来时，你要保持冷静，不要卷入他的情绪里。你可以先停下来，默默地倾听，保持眼神交流，保持诚恳、善意的态度，并且让对方感受到，这样能够避免双方陷入争论。

第2节　慢性子的人

慢性子人的一般表现是比较内向、慢条斯理，好像什么事都不着急。

与慢性子的人相处要记住四个原则，即"**尊重对方、步调一致、克制急躁、和谐高效**"。

（一）尊重对方

要尊重对方，千万不要改造对方。不要为了让对方配合你的节奏而逼迫他改变他的节奏。要压住自己的节奏，慢下来，配合他的节奏。

（二）步调一致

认真倾听他讲话，抓住他讲话的重点并回应他。例如，"你想说的是不是这个意思？""你好像在担心什么？""你希望我怎么做？"以这样的方式促使他思考和表达，推动谈话的进程。

（三）克制急躁

尽量管理自己的不耐烦情绪，实在忍受不住时可以屏住呼吸三秒，然后再说话，这样就能让自己平静下来。

（四）和谐高效

对所说的话做概括性表述。"你刚才大概说了……我了解你可能想……那我们现在是不是可以……"运用这些方法能够提高沟通效率、改善沟通效果。

第3节　疑心重的人

从心理学的角度来说，疑心是一种猜忌心理。疑心重的人凡事都会多想，他们常常患得患失，根据一些蛛丝马迹得出自己的看法，而这些看法常常与事实有一定的差距，甚至是非常大的差距。在人与人的交往中，如果一个人对别人的言行过分敏感，那么他就会产生很重的疑心。那么，怎样与疑心重的当事人交流呢？

要记住四个法宝，即"**取得信任、谨言慎行、理解包容、支持肯定**"。

（一）取得信任

这样的当事人在一定程度上是缺乏安全感的，所以他对人、对环境缺乏信任。在与他相处的时候，我们要尽量创造一种安全、信任、和谐的氛围。以真诚的态度认真地倾听他的诉说，让他感到你是为他着想的。

（二）谨言慎行

他们对事物的认识往往不全面，常常保持一种戒备、怀疑的态度。和他们交流，要说确定的话语，不要模糊不定，模棱两可，要有理有据。少用"可能""大概"这样的词语。要注意自己的肢体行为动作，保持大方得体，例如，可以身体前倾，认真地听他讲话，不轻易打断他，等待他把话讲完，更不要翻看手机或者表现得心不在焉，等等。

（三）理解包容

要充分理解当事人的个性，知道他并不是针对你的，他就是这样的一个人。所以我们要理解、包容他，给他足够的信任，这样他才能信任你，进而有助于关系的建立及事情的解决。

（四）支持肯定

肯定当事人的处境，认可他的困难，接纳他的情绪。对于他的困难和处境，尽力提出具体的方法和应对的策略，在能力所及的范围内给予对方支持和帮助。在心理层面和精神层面给予支持认可，用积极乐观的态度与之相处，给他带去正能量和稳定感。

第4节 固执的人

在生活中，经常会遇到"较真"和"认死理"的人，任凭你怎么解释都无法改变他的想法和行为。别人都觉得这个人太固执了，但他就是觉得自己是对的，其他人都是不对的，甚至是针对他的。与固执的人交流起来有些困难，因为他们沉浸在自己的感受里，很难考虑到别人的感受和需要。许多人都会评价："他的眼里只有自己。"

和固执的人交流有三个原则，即**"调整心态、注意时机与场合、避免说理"**。

（一）调整心态

沟通时首先调整好自己的心态，不生气，不打断，不评判。注意自己的语气、态度及措辞，给对方留足面子。例如，你看怎么样？你觉得如何？如果这样，你觉得可以吗？

（二）注意时机与场合

尽量找一个人少且能让他有安全感的地方，最好进行一对一沟通。说话语速要慢，要有耐心。沟通时信息量要少，一次只沟通一两个问题。可以选用正反两方面的例子，让他自己分析。尽可能有两个可以选择的方案。例如，你觉得 A 可行还是 B 可行？

（三）避免说理

不要试图讲道理或说服他，不要和他争论或者试图评判对错，更不能指责他或者对他进行道德评价。多肯定他、支持他、理解他。站在他的立场上和他沟通。让他感到你是帮他的、赞同他的。打消他的对立情绪，然后再慢慢进行深入交流。

第5节　容易焦虑的人

焦虑的当事人的特点就是不能活在当下，总为未来担心。做事急躁，急于得到结果。自己经历的任何事情都会想到坏的结果，缺少乐观的精神，对于一时解决不了的事情，常用发脾气或情绪化的方式表达。

与焦虑的人交流要记住三"稳"一"给"，即"**稳定环境、稳定情绪、稳定态度、给予方法**"。具体做法如下。

（一）稳定环境

找个安静的场所，尽量不要有其他人在场，创造一个舒适、安静、稳定的交流环境。如果找不到这样的地方，也可以就当时的条件让其他人先退后一些，先请他坐下来，倒杯水给他，让他先安顿下来。

（二）稳定情绪

不要让自己的情绪卷入其中，否则会唤起你的焦虑。用你稳定的情绪带动对方，保持态度和蔼、面带微笑、语气温和，进而让对方愿意与你交流。引导对方说话："是这样啊……"听对方表达。多用幽默的语言渲染谈话的气氛，让对方放松下来。

（三）稳定态度

理解他的担心和要求完美的个性，给予更多的耐心和包容。尽量给予肯定的回答，让其有确定感。多鼓励、肯定并赞赏对方的想法和行为，打消他对自己的怀疑，增强他对自己的掌控感。

（四）给予方法

可以教他们一些放松的方法，让他们进行自我调整，如呼吸放松法、正念、冥想、运动等。

第 6 节　容易悲观的人

在日常生活中，我们会遇到比较悲观、消极、敏感的人，《红楼梦》中的林黛玉就是这类人的典型代表。他们往往在生活中很消极，常常提不起精神，很少对有意思的事情感到兴奋，好像这个世界上没有什么值得开心的事情。你在与他们接触的时候，常常会感到他们闷闷不乐，他们往往会把负能量传染给其他人，你和他们聊同一件事情，他们往往也会说出更加消极的想法。

和悲观的当事人相处要记住三个要点，即"**不受干扰、理解宽容、寻找资源**"。

（一）不受干扰

面对当事人的负性情绪保持理性、平静，保持耐心的倾听，不要过分同情对方，以免自己被他的情绪干扰，尝试用你的稳定感染他。

（二）理解宽容

理解他的负性情绪，不要责怪他，也不要对他生气，多包容他。在他说到悲观的事情和想法的时候，不要急着反驳他，尽量耐心一点，听他诉说，可以给予"嗯""是啊""你很难过"等适当的回应。不要说"你不能这么想""你得想开点""你得乐观点"。这样容易激怒当事人，让他觉得你不理解他。

（三）寻找资源

帮助他寻找可利用的资源，可以问他在现在的生活里最开心的事情是什么，多和他聊聊他觉得开心的事情，聊聊他觉得很满意的时刻。多鼓励他，哪怕是一个小优点，也要夸他做得好，这样可以帮他树立信心。帮他寻找资源，并利用这些资源。看看他身边有没有亲戚、朋友、邻居和他关系好，可以让他们一起带着他做些事情。

第7节　攻击性强的人

有些人攻击性比较强，遇到一些小事就容易发脾气，还容易和人吵架，甚至打架。这类人比较冲动，往往有很多看不惯的东西且想法比较极端，因此和人聊天的时候，容易一言不合就生气。他们也没法很好地控制自己的情绪，所以容易和别人发生激烈的矛盾。

和这样的当事人交流要本着四个原则，即"**温和冷静、尊重热情、以柔克刚，灵活应对**"。

（一）温和冷静

要保持态度温和、沉着冷静，用你的气场来带领当事人。如果你很了解他，那么尽可能避开他可能生气的事情；如果你不了解他，那么尽量避免激怒他。如果你在谈话中不得不提到一些让他生气的事情，那么尽量先说一些铺垫的话，让他先有心理准备，再慢慢靠近你要说的主题。

如果他有和你吵起来的架势，不要和他争辩或争吵，等他气消了再说。要与他的情绪保持距离。你要知道，他的愤怒与你无关，他不是冲着你来的。他是想让自己的愿望得到满足。你可以对他说："我知道你有些着急，我也很想帮助你，你现在希望我为你做点什么？"先安抚他的情绪，不要被他激怒。

（二）尊重热情

在态度上，你要对他表示理解与尊重，主动和他说话，不要躲避他或者不理睬他。耐心地倾听他说话。积极地为他着想。

（三）以柔克刚

用柔和、温暖、真情的态度融化他的怒气。你可以保持微笑，目光和善，坚定自信。

（四）灵活应对

在沟通的当下，你能做什么就做什么，不要苛责自己，更不要怪罪他。

第8节　没有主见的人

没有主见的人在做很多事情的时候往往犹豫不决，他们会考虑很多，生怕自己做错决定。所以，他们会选择依赖别人，别人怎么说他们就怎么做，像一只温顺的小绵羊，一旦离开别人就会不知所措。这类人在表面上很好相处，不爱竞争，尽量避免与他人产生矛盾冲突，有时候会牺牲自己的想法而按照他人的意愿做事情。其实，他们并不是没有自己的想法，很多时候他们是因为缺乏自信而不敢说出自己的想法，或者害怕说出自己的想法让别人觉得他很傻，从而不喜欢自己。

和没有主见的当事人进行沟通有"三要"原则，即"**要主动热情、要鼓励表达，要促进决定**"。

（一）要主动热情

因为没有主见的人很容易害羞，所以在谈话的开始，我们可以表现得主动、热情一些，多表现对他们的喜欢，这样他们就不会因为感到害羞而不说话了。

（二）要鼓励表达

在谈话的开始，适当多引导，但是不要逼得太紧，否则容易让他们感到尴尬。当谈话进展到一定程度时，也就是在他们打开话匣子后，你要耐心倾听，看着他们，微微点头以表示关注。

（三）要促进决定

你不可以替他们做决定，否则他们就会一直依赖你，没法让他们渐渐独立。当他们要你做决定的时候，温柔、委婉但坚定地拒绝他们，并且可以和他们讨论怎么做比较好，列出几个方案，然后让他们自己选择。他们做出选择之后，尽量多鼓励他们，以增强他们的自信心。如果他们成功做出了选择，肯定、表扬他们；如果最后结果不好，也要肯定他们这一次是自己做出了选择，下一次会更好。

第9节　心理崩溃的人

人都有心情不好的时候。很多人在经历了大的挫折后会陷入崩溃的情绪中，这是很正常的事情。大部分人过一段时间都会好起来，只有一小部分人好不起来，需要别人的帮助。陷入情绪崩溃中的人往往会表现出一些极端的行为，如大哭不止、大喊大叫、砸东西、攻击别人、伤害自己等，这是因为他们内心的情绪波动太大，以至于没有办法控制自己。和情绪崩溃的人聊天，自己也很容易被带入到"负能量"里，所以，要注意和他们谈话的方法。

与心理崩溃的当事人交流有三个秘诀，即**"环境安全、安抚情绪、给予支持"**。

（一）环境安全

带他们到安全、舒服、私密的地方谈话。当一个人的情绪很激烈时，你是没有办法和他好好沟通的，所以你就在旁边陪着他，让他把情绪发泄完（哭完、骂完等），然后再和他聊接下来怎么办。

（二）安抚情绪

谈话的语气和态度要温柔一点，多一些鼓励和耐心，千万不要急着责怪他、教育他。问问他为什么情绪崩溃，是不是发生了什么事情。如果有，那么和他聊聊怎么处理这件事情。如果他不想说话，就默默地陪着他，给他递个纸巾或倒杯水。如果他的情绪还无法平复，可以问他一些问题。例如，"你早上吃饭了吗？""你现在冷不冷？""昨晚几点睡的？"这些问话是为了让他从情绪中回到此时此地，以增加他的现实感，让他回到可沟通的状态。

（三）给予支持

问问他现在的生活有什么好的方面，有什么好朋友，自己在什么时候状态好一些、信心足一些，做过什么很成功的事情。多聊聊这些话题可以帮助他恢复自信心，进而让他对自己有一些掌控感。

第四章

常见社会心理问题

本章主要讨论农村和城郊地区常见的社会心理问题，适合村干部、矛盾调解员学习，对于城市的基层医生也具有一定的参考价值。

第 1 节　如何帮助来访者处理家庭关系问题

（一）处理夫妻关系

夫妻关系是家庭关系中最主要的关系，在家庭中处于核心地位。要建立良好的家庭关系，首先要有良好的婚前准备。

1. **预防危机：婚前准备**。婚姻是人生大事，要建立在双方相互了解的基础上。只有双方的性格匹配，能在生活中融洽相处，在大事上方向一致，才能生活幸福。以下是在结婚之前需要认真考虑的方面：

（1）双方的性格、习惯及兴趣；

（2）对婚姻的期望；

（3）夫妻角色及分工；

（4）性和生育计划的安排；

（5）家庭财务预算安排；

（6）双方姻亲关系；

（7）建立有效的沟通渠道，并且学习如何处理矛盾冲突。

2. **双方有矛盾冲突时：理性沟通。** 婚姻的长久离不开有效的沟通和矛盾冲突的及时化解。怎样沟通才能让夫妻感情越来越好呢？以下列举一些需要注意的事项：

（1）既要表达自己，又要尽可能倾听、理解对方；

（2）在沟通中，不争论对错、输赢；

（3）注意情绪的表达方式，不采取打骂、摔打东西、故意不理睬等表达方式，可用语言表达自己的感受和需要；

（4）注意自己的语调，尽量平和稳定；

（5）接纳伴侣，对伴侣的期望要切合实际；

（6）礼貌表达，尊重自己的另一半；

（7）有分歧冲突时，以解决问题为中心，弄清事情真相，换位思考，宽厚体恤。

3. 关系的经营：掌握爱的语言，学会爱的表达。 良好的关系往往是经营得来的，而非自动自发形成的。在婚姻中，夫妻双方可从以下几个方面经营好亲密关系。

（1）欣赏和鼓励的言辞。人类最深层的需要就是感到被他人欣赏。因此，一些鼓励的话语往往会激发出伴侣极大的潜力。

（2）陪伴和关心。花时间高质量地陪伴对方，可以一起做事，一起吃饭，一起娱乐，并且在细节上多关心对方。

（3）给予礼物。礼物是爱的视觉象征。它可以购买，也可以自己亲手制作。用礼物向对方表达爱意。

（4）服务的行动。做配偶想让你做的事，通过替对方服务，使对方高兴，表示对对方的爱。

（5）身体的接触。肢体接触是人类情感沟通的一种微妙方式，也是表达爱的有力工具。

4. 关系破裂时：妥善处理离异问题。 有时候，不论婚前怎样仔细筛选，婚姻中怎样用心经营，也许都无法绝对避免亲密关系无法维系的情况出现。当关系破裂时，恰当的处理可以尽量减少对各方当事人的影响与伤害。

（1）协助离异家庭达成协议。以中立、平等的态度协助面临婚姻破裂的夫妇和平处理分居和离婚的各项事宜，以期达成令双方满意的协议，使双方都可以履行其作为父母的职责，延续其亲子关系，重建家庭生活秩序。

以上多是调解员的工作，但医生需要知道工作原则。

（2）妥善处理夫妻离异后出现的常见心理问题。离异作为一种重大的负性生活事件，会给当事人带来较大的心理伤害。常见的表现有：当事人因为离异出现自卑、焦虑、抑郁、孤僻、仇恨等心理。

（3）具体的处理方式：通过心理干预，有效改善社区离异人士的心理状况，具体可采取以下方法。

① 积极行动法。劝导当事人振作精神，以积极的处世态度对待生活，努力发挥自己的长处；鼓励当事人自尊、自强，客观看待离异事件，对消极的舆论环境泰然处之，改变认知和思考的方向，避免陷于不良情绪中；转移注意力，如将重心放在事业或子女教育等方面。这样，当事人就能较早地摆脱困境，重新拿回生活的主动权。

② 坦率交谈法。鼓励离异人士学会向他人倾诉。在内心感到痛苦、委屈或忧伤的时候，可以向自己的亲朋好友诉说；也可以通过写日记的方式或上网聊天的方法进行自我安抚。将心中的不愉快宣泄出来，能预防心理疾病的发生，或者缓解甚至治愈已经产生的心理疾病。

③ 理性摆脱法。因另一方外遇而离异的人士常为自己被

遗弃、感情被践踏而产生极度愤怒的情绪，乃至丧失对爱情甚至对人生的信心。此时，我们可以引导当事人看到自己和他人积极正向的一面，重建他们对爱情和人生的信心。

④ 环境转移法。环境对人的情绪有明显的影响。当家庭已经破裂且难以修复时，家中的一景一物都会引起他们对往事的回忆。因此，可以多参加一些社交活动，将业余生活尽量安排得丰富、紧凑一些。暂时或彻底脱离原有的生活或工作环境有利于恢复心理平衡。

⑤ 情感取代法。离异人士可运用情感取代法消除离异后的孤独感、空虚感，具体而言，可理性觅寻新偶，建立新家庭，开始新生活。注意要多了解对方的情况，不能仅因为对方在自己空虚、失落的时候给了自己一些安慰，就觉得对方一定很适合自己。可以先和对方相处一段，在自己度过人生和情感的低谷，且彼此有足够了解之后再谈婚论嫁。

5. 家庭暴力的处理。以下是针对家庭暴力的一般处理原则。医生的主要工作是处理暴力造成的外伤，并且给予情绪安抚，必要时帮助联系妇联、村委会、派出所等其他部门。

（1）评估家庭暴力危机状况。如果家庭暴力有危及当事人生命安全的可能，需要及时采取干预措施，避免不良状况发生。

对于遭遇家庭暴力的当事人，一般可以采取以下几种处理方式：逃离加害人、报警、验伤及求助。

家庭暴力受害者及其法定代理人、近亲属（以下简称受害者及相关人员）有权提出请求，居民委员会、村民委员会以及所在单位应当对施暴方及时劝阻，对双方进行调解。受害者及相关人员也可以向妇联或妇女公益组织等求助，或者拨打"110"报警。公安机关可依情节轻重对施暴方给予批评教育、出具告诫书，甚至按照治安管理处罚的规定予以行政处罚，如警告、罚款、拘留等。

对于已构成犯罪的家庭暴力行为，受害人及相关人员可以依刑事诉讼法的有关规定向人民法院自诉，对于暴力致被害人重伤、死亡的，受害人及相关人员可以向公安机关报案，公安机关应当依法侦查，人民检察院应当依法提起公诉。

（2）针对家庭暴力受害者的心理疏导。

① 倾听受害者的痛苦遭遇，给予关心和照顾。

② 受害者有时或许会自卑、自责，这时要多给予鼓励和支持，让他看到自己为家庭的付出、自己的优点及不容易之处。可以采用叙事的疏导方式，参考第八章。

③ 帮助受害者建立正确认知，具体包括以下五种：

第一种：除非出于自卫，否则，暴力是不被接受的；

第二种：家人不应当埋怨受害者；

第三种：家庭中的每一个成员都有消除暴力行为的责任；

第四种：任何一种虐待都具有破坏性及发展为暴力的可能性。

第五种：暴力是后天学习来的，而不是天生具有的，因此，虐待是可以被终止的，如何制止暴力也是可以学习的。

④ 也要换位理解自己的另一半为什么要采取家暴的方式，理解他的心理有助于问题的解决。

⑤ 帮助受害者寻找自己身边的资源，包括亲人、其他有类似经历的人、妇联等社会组织，以及自己处理此类问题的有效方式。协助受害者拟订方案，避免家暴的再次出现。

（二）处理婆媳关系

1. **婆媳关系不和的原因**。婆媳关系不和的常见原因有以下几点。

（1）生活习惯不同导致婆媳萌生芥蒂，矛盾不断。

（2）边界感不清晰导致婆婆过多参与儿子的家事，什么事都想管，导致婆媳冲突。

2. **婆媳不和的处理方式**。婆媳矛盾通常不只涉及婆婆和儿媳两个人，婆媳中间的那个男性其实至关重要。

（1）婆媳双方都要学会互相尊重。如果双方无法做到互相尊重，可以分开居住，减少见面次数，以避免一些不必要的摩擦。

（2）建立边界感。婆婆在自己的儿子结婚后，要明白

"儿孙自有儿孙福",尽量少参与儿女的家庭问题,最好不要参与。婆媳之间互相尊重、互不干涉、坦诚沟通、不存嫉恨,就可以避免婆媳之间产生矛盾。

(3)儿子要在婆媳关系之间起到良好的桥梁、沟通作用。明白自己的妻子才是自己小家庭的女主人,帮妻子树立她在小家庭中的地位,共同孝敬父母,和睦相处。

(三)处理亲子关系

子女出生后,主要依赖父母养育,但在孩子发展的不同阶段,父母应该扮演不同的角色,以满足孩子不同发展阶段的需求。

1. 婴、幼儿期(0～3岁)——保姆型父母。在这一时期,父母的主要职责是抚养,即让生理及心理上未成熟的婴孩能生存下来,把幼小的子女抚养长大,并且使其顺利发展。让幼儿逐步发展学习和生活上所需的基本能力,并逐渐获得管理与控制自己欲望及行动的能力,学习自律。

孩子处于这个阶段时,父母要细心,因为孩子的语言能力不强,有时父母需要揣摩孩子内心的情绪和需要;父母也要有耐心,既不可过度严苛,也不可过度放纵,所谓"温柔而坚定";逐步训练孩子掌握走路、说话等符合其年龄阶段特征的能力。在孩子没有达到要求乃至故意耍脾气时,家长不要着急,要管理好自己的情绪,耐心引导和鼓励孩子。这一方面让孩子慢慢达成阶段发展目标，一方面可以示范如何管理情绪。

2. 儿童期（4～6 岁）——训练型父母。在这一时期，父母的主要职责是管教：协助子女学习，教育子女什么是对的，什么是错的，哪些事该做，哪些事不该做；帮助孩子学习生活知识，养成良好习惯，使子女能成长为健全的个人。

3. 少年期（7～12 岁）——教练型父母。在这一时期，父母的主要职责是培育，即帮助子女获得社会活动经验，具备适应社会的能力与信心，鼓励孩子多与外界接触，从生活中学习。

4. 青春期（12～18 岁）——导师型父母。若孩子处于这一时期，父母的主要职责是帮助孩子度过叛逆期。与这一阶段孩子的沟通需要做到以下几点。

首先，理解和尊重。父母要充分认识到，叛逆心理是青春期孩子的正常心理特征。不把孩子的叛逆行为视为有意跟家长过不去，更不能上升为思想品德问题而任意责备和批评。

其次，父母要了解孩子行为背后存在的正向动机。因势利导，对其行为背后的正向动机予以肯定。如果家长只看到孩子的错误行为，忽视甚至否定其行为背后的正向动机，甚至将错误的行为上升为负面的人格标签，则常会激发孩子的抗拒心理，造成越沟通矛盾越深、越处理问题越多的局面。

再次，倾听孩子们的真实心声。青春期孩子提出的要求，即使是非常荒谬的要求，父母也应该慎重对待，给予响应，充分讨论，让孩子感到自己被尊重、被认可。这种讨论交流的方式也可以让他们明白，哪些要求是合理的，哪些是不合理的。另外，这种交流还有利于家长了解青少年的需求和爱好，及时发现和制止一些不良倾向，同时又可以帮助家长找到与孩子之间的共同话题，减少隔阂。

最后，与孩子交谈切忌简单说教。由于孩子处在青春发育期，激素分泌旺盛，从而让他们情绪起伏比较大，所以，谈话一定要注意方式方法，也要留意孩子的神色变化。家长不仅要在与孩子平等的地位上交谈，而且要区分时间和场合。

5. 成年期（19～25 岁）——**精神型领袖**。随着子女的成长，亲子关系逐渐变成"横向关系"，父母为子女提供精神支持。当孩子遇到生活困难时，父母适当提供一些经验和建议，但尽量让孩子自主选择，不要过度干预，更不能把自己的经验强加给孩子。

6. 老年人与子女（26 岁及以上）。当父母年老体衰时，这种亲子关系又变成"相反的纵向关系"，即由子女照顾年老的父母。这时要把握好一个度：有事可以找子女帮忙，不要什么事都自己扛着；同时要体谅子女生活也不容易，体谅他们的难处，不过度要求子女给予钱财或者过度占用子女时间。

第2节　如何处理邻里关系

俗话说，远亲不如近邻。好的邻里关系能够增加社会支持，也能营造良好的生活、休息氛围。要处理好邻里关系，需要做到以下几点。

（一）看得长远

处理邻里关系的时候眼光要放长远一些，不能只关注眼前的利益，更不能意气用事，说一些过激的话，那样很容易伤感情。

（二）冷静处理矛盾

邻里关系出现矛盾的时候，要先处理自己的情绪，不能期待在气头上解决问题，情绪激动之下做出的行为往往会让事情变得更糟糕。

（三）与人为善

和人交往要讲诚信、守信用，邻居有困难的时候要主动帮忙，帮助邻居解决困难。通过互相帮助，密切邻里关系。

（四）平等待人

不管自己的条件多么好，社会地位多么高，都要本着平等的态度对待别人。对待邻居，千万不要以权压人，更不要看不起他人，这样只会让自己成为不受欢迎的人，让邻里关系更紧张，最终导致自己不好过。

（五）遇到问题主动化解

邻居经常在一起，生活的时间又那么长，难免遇到一些矛盾。当出现矛盾的时候，要采取坦诚交流的方式处理问题，积极主动地化解冲突与矛盾，不要藏在心里。

（六）互相谦让

与邻居相处，一定要心胸宽大，做事多谦让，这样很多矛盾都会迎刃而解，邻里关系自然融洽、深厚。

第 3 节　如何帮助特殊人群

目前，农村有很多留守儿童和留守老人，他们容易出现各种心理问题。根本原因是缺少有效的社会互动，缺少生活和心理上的支持。因此，作为村医、村委干部等，可以多给予他们一些关爱和陪伴，组织他们参与一些公益活动，让他们感受到来自亲人和社会的关爱。

（一）留守儿童

1. **收集信息，了解留守儿童监护状况。**通过定期走访、全面排查的方式，及时掌握农村留守儿童的家庭情况、监护情况、就学情况等基本信息。对因父母外出务工或其他原因而无法与父母一起生活的未成年子女，应确保有监护能力的亲属或其他成年人代为监护，不得让不满 16 周岁的儿童脱离监护单独居住生活。通过直接谈话或入户探访的方式，多方收集信息，了解监护人的实际监护情况。父母或受委托监护人不履行监护职责的，村（居）民委员会、公安机关和有关部门要及时予以劝诫、制止；情节严重或造成严重后果的，公安机关等有关部门要依法追究其责任。

2. **促进异地亲子之间的交流沟通。**通过宣传教育，促进外出务工人员多与留守的未成年子女联系，最好能多见面，以便及时了解、掌握孩子的生活、学习和心理状况，给予更多的亲情和关爱。通过医务室、村委会等地方的电脑、电话等通信设备，为农村留守儿童以电话、视频等方式与父母联系提供便利。

3. **组织开展关爱保护行动。**根据本地制定的切实可行的农村留守儿童关爱保护政策措施，认真组织、开展关爱和保护行动，加强对监护人的法治宣传、监督和指导，督促其履行监护责任，提高监护能力。对重点对象，党员干部可以通过上门家访、驻村干部探访、专业社会工作者随访等方式定期进行核查，确保农村留守儿童得到妥善的照料。

4. 村校联合，关注留守儿童学习、生活和心理健康。落实免费义务教育和教育资助政策，确保农村留守儿童不因贫困而失学；支持和指导中小学校加强心理健康教育，促进学生心理和人格的积极健康发展，及早发现并纠正心理问题和不良行为，利用电话、家访、家长会等方式加强与家长、受委托监护人的沟通，了解农村留守儿童的生活情况和思想动态，帮助监护人掌握农村留守儿童的学习情况，提升监护人的责任意识和教育管理能力；及时了解无故旷课的农村留守儿童的情况。

5. 链接资源，提供优质关爱服务。依托各级工会、共青团、妇联、残联、关工委等群团组织，充分发挥这些组织的自身优势，积极为农村留守儿童提供假期日间照料、课后辅导、心理疏导等关爱服务。加强对农村留守儿童父母、受委托监护人的家庭教育指导，引导他们及时关注农村留守儿童的身心健康状况，加强亲情关爱。

（二）留守老人

1. 评估留守老人的身心状况。对评估结果显示疑似存在早期老年痴呆症、中度及以上心理、行为问题和精神障碍的老年人，实现疾病的早发现、早诊断、早治疗。可定期为老年人开展义诊，给予农村老年人健康饮食及合理用药方面的指导。

2. 定期走访、探望。掌握留守老人的现实情况，掌握老年人居住、生活等情况的变化，做好基本信息的动态更新，为老年人提供水、电等生活设施的维修，提供理发、量血压、测血糖、整理卫生、代购物品等基本生活和医疗服务。

3. 关注留守老人的情绪，提供精神慰藉。缺乏精神慰藉、孤单寂寞是留守老人面临的最大精神问题。一旦面对"空巢"，老年人会觉得自己的存在不再具有价值。随着年龄逐渐增大，老年人对子女的情感依赖也不断增加，所以儿女不在身边时，他们会有孤苦伶仃、自悲、自怜等负性情绪。针对这种情况，可以采取团体疗法，根据老年人的需求，设计一些适合老年人的团体活动，从而帮助老年人建立和谐的人际关系，促进他们与他人的交流，降低他们的孤独感。可以组织老年人跳广场舞、打牌、下棋，这些娱乐活动可以丰富老年人的生活；鼓励老年人参加公益事业或活动，做些力所能及的工作，增加他们的价值感。

4. 促进外地子女与留守老人的沟通和交流。很多老年人都觉得，自己老了就没有什么用了，只能给自己的孩子增加负担。可以联系他们的子女，让子女经常给老人打电话，关心他们的身体状况如何，过得怎样，多在心理上给予他们关爱、关心，多嘘寒问暖，让老人多感受儿女带给他们的温暖。

第4节　如何帮助当事人处理好负性情绪和生活压力

　　负性情绪就是让我们觉得不愉快的情绪体验。例如，遇到了不顺心的事情，工作和生活中遇到了挫折，或者事情的发展趋势不如所愿，没达到自己的设定目标……这样的时候，我们就会出现焦虑、紧张、愤怒、沮丧、悲伤、痛苦等情绪。这些被统称为负性情绪。

　　人人都会在生活中遇到不顺心的事情，因此负性情绪的出现十分正常。但一个人如果不能很好地调整心态，长期处于负性情绪之中，就会影响他的工作和生活，进而有可能引起身体疾病或严重的心理问题。

　　压力就是一个人觉得自己无法应对环境要求时产生的负性情绪感受。压力的源头既有各种生活事件，也有个人的性格因素。

（一）导致压力的环境因素

　　1.**家庭生活方面**。例如，亲人亡故、离婚、分居、结婚、搬家、吵架、生病、家庭加入新成员、儿女离家、与公婆或岳父母不合、养老问题，等等。

2. **农村产业发展方面**。例如，不知道市场，不懂经营。很多人不愿意种田，粮价又上不去，不知道农业以后该如何发展。

3. **教育方面**。现在在农村有一种现象，就是很多父母都把孩子送到城里去读书，而到了城里，孩子的高昂学费，父母们负担起来又非常吃力。

4. **赚钱方面**。赚的钱没有花的多，物价也在上涨，一些村民的生活成本压力在加大。

（二）导致压力的个人因素

1. **不能自我肯定**。常因为他人的评价而觉得自己一无是处。

2. **盲目跟风**。因为受一些不良消费观念引导，挣多少花多少，根本就不想着存钱，自然也没有积蓄。

3. **放大困难**。做什么事情前先把它想得很困难。

4. **过分关注自我形象及身份**。做事情害怕做得不好被他人笑话。

5. **期望值过高**。对人、对事总是理想化，最后往往对结果失望。

6. **自我定位不明**。总是希望别人帮助自己解决问题，自己的生活模糊不清、杂乱无序。

（三）面对有负性情绪的当事人，首先要关心并倾听

让当事人先坐下来，问寒问暖问生计，了解来访者为什么会烦躁、闹心？烦躁、闹心有多长时间了？吃饭和睡觉怎么样？身体上有不舒服吗？

如果他心里生气，可以聊聊发生了什么事，让他这么生气。

（四）针对压力和负性情绪的心理知识普及

你可以用生动形象的语言向来访者介绍和压力相关的一些知识。每个人都会面临压力，那压力到底是什么呢？简单来说，压力就是生活给了我们很多"行李"，让我们感到很重，有种扛不动的感觉。

怎么应对压力呢？首先，要衡量自己的需要和能力，知道自己需要什么，能做到的又是什么。脱离实际的追求是空谈，每个人的理想都应该从自身的情况出发。举例来说，就像吃惯了素菜的人非要像别人一样享受牛排，那油汪汪的东西固然诱人，但真正吃到自己肚里，自己的胃并不习惯半生不熟的食物，消化起来就比较困难。

在当事人有愤怒、焦虑等负性情绪时，你可以告诉他，长期处于这些情绪中不仅无助于问题的解决，也对他的健康

不利。

　　例如，对于焦虑的人，你可以这样开导：我们头脑里经常会出现一些想法和念头，会担心这个、担心那个，经常想可能会发生一些不好的事情，越想心里就越烦。所以想这些不仅没能处理好这些事，还烦躁、闹心，饭吃不香，觉睡不好，身体可能也不舒服。要是你做些力所能及的事，能做点什么让事情变得好一点，那就去做；如果做了也没有用，或者不知道该怎么做，那干脆别想了，要是担心的事情真发生了，也没办法，因为你改变不了，只能接受。其实过后想一想，那些担心的事情很多都没有发生，即便发生了，很多时候其实也有办法应对。

　　对于爱生气的人，你可以这样开导：生气、发火的时候，心跳会加快，血压会升高，喘气又粗又短。经常这样生气、发火对身体不好，爱生气的人容易得高血压或心脑血管疾病。爱生气的人也容易和人处不好关系，如果骂了人，打了人，砸了东西，事后还后悔。所以生气的时候，先控制一下，不要马上发作，可以深呼吸，或者转移注意力，或者暂时离开让你生气的情境，等不那么生气了再回头来处理事情。

（五）日常应对压力及处理负性情绪的方法

　　本手册介绍了一些常见的应对压力及处理负性情绪的方法，大家也可以总结自己的实践经验，发展出适合自己使用的方法。

1. 运动减压。

2. 大笑及幽默减压。

3. 悲痛的时候允许自己哭泣。

4. 集中精力做一件有利于他人的事情。

5. 学会说"不",懂得合理地拒绝别人,给自己留下一些空间。

6. 看电影或阅读文学作品。

7. 洗个热水澡。

8. 听舒缓的音乐。

9. 做其他让自己开心或放松的事情。

10. 多做几个深呼吸。

11. 找个好朋友倾诉。

(六)心理学中的其他方法

参见第八章"正念减压"部分的各种方法。

第5节 如何处理孕产妇分娩后的心理压力

[问题一]担心盆腔底部松弛,影响性生活。

解决方法：

1. 看母子保健手册上的产后康复体操，坚持照做。

2. 产后 42 天之内避免重体力劳动。

3. 到医院检查是否有盆腔底部松弛的情况，避免总是自己想象患了疾病。

[问题二] 产后肥胖恢复难。

解决方法：

1. 规律饮食，放慢吃饭速度。

2. 坚持适当运动。

3. 树立能瘦下来的信心。

[问题三] 对产后脸上雀斑是否能消除的困扰。

解决方法：

1. 生活规律，不熬夜。

2. 保持心情愉快，有烦恼就说出来。

3. 补充维生素 C 和维生素 E。

[问题四] 知道母乳喂养好，但是母乳不够还需添加奶粉，孩子又不愿意吃，很是烦恼。

解决方法：

1. 帮助产妇建立孩子吃饱就好的健康观念。

2. 孩子吃饱了，不哭闹，营养充足，产妇心情就好了，奶水会增加的。

[问题五] 对孩子特别关注，只要孩子有病就心烦意乱，什么都怕，又不知道能发生什么严重的事情。

解决方法：

1. 医生可以教产妇一些简单的知识，如婴儿体温正常值的范围、饮食和排便的生理规律等。

2. 观察婴儿的饮食和二便，找到规律，如有异常，及时找医生询问就可以。

第五章

心身关系和心身医学

第1节 如何处理好医患关系

医患关系是影响治疗效果的重要因素，有效沟通是形成良好医患关系的前提。尤其当患者不愿意配合时，我们需要用灵活的方式进行沟通。以下是加强医患关系的一些要点。

（一）察言观色，了解患者的心理

患者进入诊室时，医生应认真观察患者的气质、外表和衣着等，以判断他的脾气秉性和家境，从他的动作、语言判断他的性格。针对不同的患者运用恰当的语气、语速和表达方式，语言通俗易懂并个体化。例如，对于性格外向的患者，可以用欢快、活泼些的词语；对于性格内向的患者，语速可缓慢、低沉些；对于年老的患者，用关切的拉家常式的方式沟通，等等。这让患者感觉医生很懂自己，比较容易拉近双方的距离，让后面的沟通可以顺畅、深入。

以下的示例也许可以给你提供一些思路，让你能根据自己的经验总结出对自己而言行之有效的方法。

1. **患者抱怨、发牢骚时。**认真倾听患者牢骚、抱怨背后所表达的不满意是什么，尽量理解患者的苦恼，关心患者的感受，不要不耐烦，更不能指责、厌恶、嫌弃患者。

2. **患者过于啰唆时。**当患者对一件事说起来没完没了时，医生应适时插话，把对方拉回到最主要的问题上进行讨论。例如，"你说的这些我理解了，你刚刚说到……是这样吗？"

3. **儿童不愿配合时。**与儿童说话要轻声细语，眼神温和，有耐心，不急躁，更不能吓唬孩子。详见本章最后一节。

如何与不同性格类型的人交流，可详见第三章。

（二）诊疗思路清晰

例如，患者因"头疼"来就诊，医生头脑里关于"头疼"的诊断树要先浮现出来，"头疼"常见于哪些疾病，需要做的检查及鉴别诊断有哪些，等等。再根据患者的家族史、病史，结合患者的年龄、性别、生活环境、个人饮食及生活习惯等，逐步询问排查，做出初步诊断并反馈给患者。在询问的时候，也要适当说明自己问话的思路，并解答患者的一些问题，这会让患者感到医生诊疗思路清晰、值得信任，从而增加患者的依从性。

（三）用全科医学的思维面对患者

从全科医学的眼光出发，我们看到的是一个整体的人，而不是局部的一个病。在诊疗过程中，我们充分考虑患者身体各系统的整体情况，给出最优的检查、治疗方案，保证患者的利益最大化，而非顾此失彼，引发严重的副作用。对于家境困难的患者，应充分考虑患者的经济承受能力，在检查及用药方面提供适宜的方案，让患者充分知情。

医生要努力学习相关知识，包括临床医学、预防医学、康复医学、心理学等，对较新、较尖端的治疗技术也要有所了解。还要了解各上级医院的专业优势，这样，在需要转诊时才能够给患者提出合理的建议，实现精准转诊，避免浪费时间，贻误病情。医生掌握丰富的专业知识和行业信息，面对患者的提问给予客观、专业、科学的回答，这会增加患者的依从性。

（四）给患者讲解相关医药知识，增加依从性

诊断明确后，可以用适当的语言给患者讲解疾病的原理、用药的意义、药物的作用机理、药物剂量的选择，以及药物对患者的帮助，让患者充分知情并理解，必须依靠药物的帮助自身才能康复，理解早诊断、早治疗、早用药的意义，否

则自己身体扛不住，病情会越来越厉害，治疗也会更困难，甚至会突然出现危急情况。也让患者不要盲目服药，或者仅服用一些暂时解决问题的药物，如止痛片等。

当患者拒绝服药时，可结合实例给患者讲解不按时服药的危害。邻里乡亲中经常会出现因不服药或不规律服药而出大事儿的病例，尤其是高血压、糖尿病等慢病患者不按时服药导致的脑出血、脑血栓、心梗甚至猝死的病例，其中很多人都很年轻。讲解时注意语气和用词，同时注意保护真实病例的隐私。医生有理有据的讲解对患者的心理是有冲击的，会增加患者服药的依从性。沟通过程中始终保持语气温和、态度亲切的原则，让患者感到医生时时处处都在为自己着想。

（五）医生要做好自身品牌建设

良好的口碑会减少患者的不配合情况。基层医生如果通过自己的工作使患者感到医生敬业，诊疗规范、用药合理，以患者为本，患者会感激医生，也会更愿意将自己的感受传递给其他人。慢慢地，医生就能建立起良好的口碑，减少患者不配合的情况。

第 2 节　心身疾病概述

根据医学研究，影响身体健康的重要因素主要有以下几点：（1）饮食平衡；（2）适度运动；（3）睡眠作息；（4）烟酒等上瘾行为；（5）心理健康。

所谓"上医治未病"。作为患者的首诊医生，基层医生既是患者健康的守护者，也是其健康生活的指导者，不仅要对症治病，也要从以上几个方面倡导健康的生活习惯，提升患者的身体健康水平。

（一）什么是心身疾病

狭义地讲，心身疾病是指心理、社会因素在疾病的发生、发展过程中起重要作用的躯体器质性疾病。广义地讲，除了传染病和外伤，几乎所有的身体疾病都和心理、社会因素有关。

近年来，心身疾病的范围跨越了身体的各个系统，多为慢性病，需要长期、连续的治疗。目前综合医院的专科医疗很难满足患者的需求，而基层医生可以为患者提供长期连续的照顾式服务，这种模式更适合慢性病的管理，有利于心身疾病的诊治与康复。基层医生面对的诊疗人群相对是固定的，便于了解每个人的整体情况，这是基层医生的优势。在此基础上，可以在慢病管理中融入心理干预，做好对患者的心理健康教育工作，对心理问题严重的患者及时转诊，这些定会对患者的预后产生积极的影响，也能建立医生自身的良好口碑。

我们参考美国心理生理障碍学会制定的心身疾病分类，对身体各系统常见的心身疾病及各种症状列举如下。

1.皮肤系统：神经性皮炎、瘙痒症、斑秃、牛皮癣、慢性荨麻症、慢性湿疹等。

2.骨骼肌肉系统：类风湿性关节炎、腰背疼、肌肉疼痛、痉挛性斜颈、书写痉挛等。

3.呼吸系统：支气管哮喘、过度换气综合征、神经性咳嗽等。

4.心血管系统：冠状动脉硬化性心脏病、阵发性心动过速、心律不齐、原发性高血压或低血压等。

5.消化系统：胃、十二指肠溃疡、神经性呕吐、神经性厌食、溃疡性结肠炎、幽门痉挛、过敏性结肠炎。

6.泌尿生殖系统：月经紊乱、经前期紧张症、功能性子宫出血、性功能障碍、原发性痛经、功能性不孕症。

7.内分泌系统：甲状腺功能亢进症、糖尿病、低血糖。

8.神经系统：痉挛性疾病、紧张性头痛、偏头痛、睡眠障碍、自主神经功能失调症。

9. 耳鼻喉科：咽易感症（喉部异物感）。

10. 眼科：原发性青光眼、弱视等。

11. 口腔科：特发性舌痛症、口腔溃疡等。

12. 其他与心理因素有关的疾病：癌症和肥胖症等。

（二）导致心身疾病的心理因素

在我国古代的医书中，有许多关于心理因素导致身体疾病的探讨。例如，"怒伤肝、喜伤心、思伤脾、悲伤肺、恐伤肾。"对于如何调节这些心理因素，医书中说："怒制思、思制恐、恐制喜、喜制悲、悲制怒。"这些论述在今天来看仍有一定的道理。

根据现代心理学和医学的研究，影响健康的心理因素大体有以下几类。

1. **外在压力和生活事件**。来自工作、婚姻家庭、人际关系、经济、子女教育等方面的压力，亲人离世、离婚、失恋、职业变化、夫妻不和、生活环境改变等生活事件，以及天灾人祸，都会使人心理失衡，同时也会影响人的免疫系统、内分泌系统及各器官的正常运作，导致身体疾病。

应引导当事人学会给自己放松减压，用积极乐观的态度应对生活。

2. **缺少社会支持**。一个人得不到来自家庭或亲戚朋友的关心和支持，遇到生活困难没有人帮忙，遇到烦心事无处诉说，不但内心孤独无依，而且更容易生病。近些年，许多农民进城打工，许多留守儿童、留守老人都缺乏社会支持。

对这样的当事人，我们可以和他讨论身边的人际资源，哪些人在他困难时可以向他提供帮助，哪些人可以平时一起聊天、娱乐、相互陪伴。无论是来自家人、朋友、邻居还是村委干部的关心与支持，对其心身健康都是有益的。医生自己也可以每隔一段时间给予对方一些关心和慰问。

3. **负性情绪**。长期处于焦虑、紧张、担忧、恐慌、抑郁、悲哀、愤怒、敌意这些负性情绪中，人的身体健康就会受到影响，从而引发各种疾病。

作为医生，应向当事人普及相关知识，告知其长期处于负性情绪中的危害，并普及一些自我调节的方法。

4. **过度思虑**。过度思虑会损害大脑，耗竭身体能量，使身体虚弱，引发疾病，尤其是心脑血管及消化系统疾病，严重的会引发过劳死。以脑力劳动为主的人，要注意休息，增加体育锻炼。

5. **性格特征**。乐观开朗、从容不迫、工作有条理、生活态度轻松愉快的人（即 B 型性格者）容易保持身体健康。而以下各种性格类型的人容易患上相关疾病。

（1）A 型性格。这种性格类型由美国著名心脏病专家弗里德曼和罗森曼提出。其基本特点是争强好胜、雄心勃勃，醉心于工作，缺乏耐心，易紧张和冲动，经常感到时间紧迫，容易产生敌意。这类人易患冠心病、中风等心脑血管疾病，以及消化性溃疡等疾病。遇到这类患者，医生应帮助患者学会放松，缓解焦虑，降低过高的自我期待，学会享受生活。

（2）C型性格。这种类型的基本性格特点是内向、逆来顺受，但怒气难消，闷在心里不善于表达，容易抑郁。这类人容易患癌症（C是英文中癌症的第一个字母）。遇到这类患者，可以多鼓励他倾诉表达。

（3）D型性格。这种性格类型由比利时心理学家德诺列特提出，其特征是沉默寡言，待人冷淡，性格孤僻，爱独处；缺乏自信心，有不安全感，情感消极，易忧伤、焦虑。这类人易患心脑血管疾病和肿瘤。遇到这类患者，可劝其适度参加人际交往，平时要想开一点，不要老沉浸在自己的负性情绪中。

第3节　身体疾病引发的心理问题

身心健康是相互影响的。绝大多数身体疾病都和心理、社会因素有关；反之，身体疾病也会给患者带来很大的心理负担，乃至形成较严重的心理问题。以下情况是在患者身上常常出现的。

(一) 烦躁、焦虑

患者可能急于痊愈，但目前的情况没有明显的改善，因而感到烦躁、焦虑。也可能患者过分担忧某些症状的出现，担心病情加重，从而引发烦躁、焦虑。医生应耐心解释病程和疗程，帮助患者了解治疗过程以及可能会遇到的现象，让患者心里有底，就会缓解他的烦躁和焦虑的情绪。

(二) 冲动、暴躁

患者可能表现为脾气发生改变，神经敏感，一点小事就有可能发怒，喜怒无常，这和某些疾病引起的内分泌变化有关，也和疾病带来的生活改变有关。建议调整好情绪，生活中保持心态平和。积极改变生活方式，多与朋友相聚，采取适应当前身体状态的运动等，即便不能进行剧烈运动，也可以散步、打太极拳等。

(三) 敌对情绪

患者表现出对家属及医生的不信任，爱发脾气、烦躁、摔东西、骂人、不配合吃药治疗。其中，有些是治疗方式带来的不适导致的，也有些是躯体疾病导致的性格改变，如脑栓塞或脑出血病人预后会出现性格改变，如可能会变得孤僻、倔强等。

一方面医生要关心患者，讲解一些相关知识；另一方面，医生要与家属沟通病情，告知家属，患者的状态可能是疾病的后遗症，引导家属充分理解患者，从而给予患者较好的照顾，这可以减少很多家庭冲突，避免双方关系进入恶性循环。

建议家人和医生对患者多谅解、多包容，感受患者的病痛，真诚地安抚患者，消除他的烦躁情绪。也可以通过听音乐、读书、看一些轻松愉快的电视等方式，帮患者转移注意力，保持愉快的心情。

（四）恐惧、担忧

患者会担心自己的病好不了，担心自己和子女的未来，恐惧死亡。

建议医生要感同身受地认真倾听患者的倾诉，向患者介绍疾病的相关知识和治疗方法。引导患者正视疾病，相信自己会战胜疾病、恢复健康。如果患者确实身患绝症且时日已不多，则可以鼓励患者珍惜活着的时间，在生命的最后阶段做一些有意义的事情，提高自己的生活质量。

（五）敏感、多疑

患心血管疾病的人对自己的生命是比较珍惜的，尤其是年龄较大的患者，所以总是担心自己发病可能会离开这个世界，这导致他们很敏感。建议医生指导患者的家人，一定要多关心、关爱、陪伴患者，了解他们的内心所需，让他们在心理上具有安全感。同时可以想办法转移患者的注意力，让他们的内心感到愉悦。

（六）悲观、绝望

这些情绪常见于慢病或绝症患者中。慢病患者因疾病影响了生活质量，感觉治愈无望而悲观。医生要引导患者从心理上接纳自己的疾病，在接纳的基础上遵医嘱用药，改变生活方式，减缓或控制疾病的进一步发展，在可控的范围内最大限度地保证生活质量。对于癌症等绝症患者，应给予死亡教育，引导患者在其能力范围内积极治疗，具有向死而生的勇气。如果患者有宗教信仰，根据他的信仰和他一起讨论并直面死亡。同时与患者家属沟通，给予患者最好的照顾。尽可能让患者不留遗憾，珍惜生命的剩余时间，做一些有意义的事情，提高自己的生活质量。

（七）抑郁、失落

患者表现为情绪低落，不喜欢说话，独来独往，表情呆板，什么也不想做。建议给予患者关怀，提供舒适的环境，让患者了解自己所患的疾病，了解配合治疗能达到的效果，帮助他缓解不良情绪，增强战胜疾病的信心。同时要让他增加运动，参加各种活动及社会交往。患者一旦动起来，就会感觉好一点，越闷着心情越低落。

（八）孤独、寂寞，依赖他人

老年患者最大的特点就是害怕孤独、寂寞。在条件许可的情况下，建议医护人员可以安排同病的患者做做操、下下棋、看看电视，这既可以增进病友之间的感情，也可以消除寂寞、孤独感，提高患者对治病的信心；与患者多沟通交谈，倾听了解他的病痛及需求；家属需多陪伴，让患者感受到家的温暖，消融其孤独、失落感，从而使他积极配合治疗。

（九）自卑

例如，如果肥胖症的病人害怕自己因体型被人嘲笑而感到自卑，就可以引导患者多看自己的优点，同时积极采取行动改善体重问题。

关于如何与各种心理特征的人打交道，还可以参见第三章的内容。

第 4 节　慢性疼痛问题的应对和处理

（一）慢性疼痛的成因

疼痛是一种症状，身体各个部位的疾病都可能出现疼痛症状。有的疼痛随着原发疾病的治愈而消除，有的疼痛可能会伴随患者终生，或者时断时续，或者一直都存在。当疼痛症状持续时间大于六个月时则被称为慢性疼痛。慢性疼痛的病因复杂，涉及生物、心理、社会等诸多因素，或者几种因素会联合发生作用。其中，心理因素的影响是很明显的。

有文献指出，慢性疼痛患者的心理特征表现为：患者多采用自责、幻想、合理化应对方式面对问题，性格更内向及神经质（特点为情绪不稳定）；这种症状多发于受教育程度较低的中老年女性群体。

从机制上讲，慢性疼痛多发生于两种情况，一种是由于慢性炎症性疾病所引起，另一种是疼痛神经受损，导致疼痛信号的出现频次增加、持续时间延长而引起。

慢性疼痛本身也可以理解为一种慢性压力，如果不能够很好地与疼痛相处，则会引起一系列其他问题，如失眠、食欲不振及焦虑、抑郁等负性情绪，而这些又反过来加重了慢性疼痛者的不愉快感受，形成恶性循环。

目前，镇痛药在农村的应用有泛滥的趋势，有的来访者一次性购买数百片镇痛药。镇痛药的滥用不但会让患者药物上瘾、出现肠胃病等许多副作用，而且会掩盖一些更加严重的症状。作为医生，要控制镇痛药，避免药物滥用。

（二）针对慢性疼痛的心理干预

1. 理解患者的感受，给予关心和支持。

2. 做好心理宣教。结合患者的原发疾病帮助患者了解其疼痛可能的产生机制，帮助其接纳疼痛的存在，帮助患者理解疼痛不可能马上消失，但可以学会与疼痛相处，带着症状正常生活，把疼痛的影响降到最低。

3. 纠正患者灾难化、否认、回避的消极思维模式，识别并矫正那些与疼痛相关的不合理信念。

4. 帮助患者总结、强化有助于改善疼痛的行为，停止那些无效或有负面作用的行为。

5. 正念减压系列方法，尤其是身体扫描，对于减轻疼痛有效。以腰椎间盘突出引起的腰、腿疼为例，身体扫描可按以下方式进行引导。

（1）嘱患者躺好并注意保暖，首先引导患者腹式呼吸七次。

（2）引导患者随着自己的呼吸做身体扫描，从头顶开始依次扫描身体各部位，直至脚底，反之亦可。

（3）引导患者随着自己的呼吸将注意力关注在腰部，感受腰部的疼痛。伴随着吸气，想象疼痛部位吸进了大量的氧气；伴随着呼气，想象从疼痛部位呼出了所有的废物与废气。在伴随着呼吸感受疼痛的过程中，想象疼痛部位所有的细胞都在积极修复……

（4）用同样的方式关注腿部的疼痛。

（5）在伴随着呼吸感受疼痛的过程中，如果患者头脑里出现了想法，无论想法是令人高兴的还是令人不高兴的，都不评价它，不被想法带走。引导患者只是看一看刚才出现的想法是什么，然后继续回到自己的呼吸上并伴随呼吸继续以刚才的方式感受疼痛。

以上几种方法，可详见第八章介绍。

第 5 节　如何帮助当事人管理好睡眠与作息

据统计，全球人口中约有 25% 的人存在失眠问题，表现为入睡困难、早醒、多梦等。长期的睡眠问题会影响工作、生活及身体健康。另外，有许多人由于作息不规律而引发许多疾病，乃至猝死。掌握科学的睡眠规律，有效调整好日常作息，对身体健康极为重要。

（一）掌握科学的睡眠规律

许多人的睡眠问题来自于错误的认知。

有的人认为，每天一定要睡足八个小时才是充足的睡眠。

如果没有睡足八个小时，就会觉得自己的睡眠不够，甚至感到非常紧张。所以，一旦偶尔有几次失眠，他就开始关注睡眠，之后就认为自己睡眠时间不够，所以非常焦虑。而这种焦虑会让人更容易失眠。实际上，人需要的睡眠时间随年龄而递减。普遍来说，婴幼儿在一天的大部分时间里可能都处于睡眠中，而成年人每天的睡眠时间在六个小时左右就已经足够了。当然，睡眠时长是因人而异的，有的成年人睡眠时间相对较少，有人甚至睡两三个小时就能够恢复一天的精力，有的成年人则需要每天睡足七八个小时才会觉得有精神。

还有人非常担心失眠会影响第二天的工作。其实，晚上即便没有睡着，躺在床上，也是在让身体休息。虽然第二天有点难受，但不一定会导致工作做不好。第二天白天，如果我们积极应对工作和学习，不要总想着没睡好，影响就不会很大。

另有一些人认为，只有深度睡眠才代表睡得好，多梦就表示没有睡好。其实，梦是大脑在自我清理和修复过程中产生的，能帮助人释放很多潜意识中的冲突和压力，对人的心理健康是有益的。一般人在睡眠中都会做梦，只是有人醒来后不记得了。当然，多梦也在提示我们，是不是生活中存在一些压力或心理冲突。此外，一些内科疾病也可能导致多梦。

睡眠要有一定的规律，这样身体会形成稳定的生物钟，每天大体到一个时间段人就开始犯困，上床后很快就会入睡。

不稳定的作息会打乱生物钟，可能导致神经系统及内分泌紊乱。一天中睡眠效率最高的时间是晚上 11：00 到第二天凌晨 1：00 左右，越往后睡眠越浅。所以，尽量要在晚上 11：00 前上床。

（二）学会放松，张弛有度

有的人因为偶尔失眠就特别希望每一夜都能睡得很好，越刻意就越兴奋。刻意放松，反而不能放松。

怎么做到放松呢？一方面，可以尝试第八章中的呼吸放松法、身体扫描放松法等。另一方面，也可以做一些自己觉得舒适的事情，如散步、打太极拳、听音乐、做家务，等有了困意再上床睡觉。

同时，我们还要找到一种放松的感觉：不是刻意地做某一件事情，而是似睡非睡、似做非做。例如，很多人有睡前看书、看电视剧或者听英语的习惯，也不是非常认真地听，而是似听非听、似看非看，迷迷糊糊就进入了梦乡，这些方法都能促进睡眠。因为人那时处于一种不刻意的状态，在不刻意的状态下人就容易放松。

再举一个例子，我们首先握紧拳头，感受一下这种非常紧张的状态。然后不再紧握，同时让手指自然弯曲，感受一下拳头似握非握、松松软软的状态，这就类似于放松状态。因为不刻意，我们可以让自己的注意力有一个目标，如电视

剧或英语，但是又不刻意关注，不至于兴奋起来，慢慢人就
可以松弛下来。

此外，想要在晚上睡好觉，白天要有充足的活动量。不
能因为晚上没有睡好，白天就减少活动量，或者花许多时间
补觉，这样反而会打乱睡眠节律，到了晚上依然没有睡意。
白天该干什么就干什么，要有适当的体力运动，也要有适当
的脑力劳动（当然，白天也要注意适当休息，不能过度疲劳，
中午可以午睡 30 ~ 60 分钟，但不能过多）。这样有张有弛，
兴奋和抑制能够交替，到晚上就容易入眠。

让白天、夜晚各归其位。白天不要想着晚上睡觉的事情，
晚上睡前也不要再想白天的事情。可以告诉自己：晚上就应
该放松，这是大自然的规律。允许自己安安静静地躺在床上，
让内心松弛下来，放下一切。

（三）掌握睡眠节律，缩短在床时间

有的人因为失眠就刻意延长在床的时间，结果不仅没有
得到有效的休息，反而因为在床时间过长，加重了失眠的情
况，甚至形成一种躺在床上就胡思乱想、难以入睡的不良习
惯。实际上，我们应该减少在床时间，只在一个合理的限度
内，如每天只在床上躺六七个小时就可以了。要给自己定闹
钟，到点就起来。除非特别劳累，否则不要延长睡眠时间。
延长睡眠时间破坏睡眠节律，也可能会导致失眠。

第 6 节 呼吸系统疾病中的心理问题

呼吸系统疾病涉及通气、换气功能，心理因素在其发病和治疗过程中均起着重要作用。由于呼吸系统疾病的特点，患者自觉症状明显，所以患者的焦虑发生率高，并且易怒、暴躁。病程长的患者容易悲观、恐惧、对治疗信心不足、担忧未来自己的状况。在负性情绪状态下，患者的抵抗力降低，影响治疗效果，因而形成恶性循环；在呼吸系统疾病的治疗中，除了积极治疗原发病之外，同时积极进行心理干预尤为重要。

呼吸系统常见的心身疾病有支气管哮喘、过度换气综合征、慢性阻塞性肺疾病等。有效的心理干预既可以预防、也可以治疗疾病。

(一) 支气管哮喘

1. **诱因**。有文献显示，70% 以上的哮喘都有心理因素参与。可能引发哮喘的情绪包括悲伤、焦虑、愤怒、抑郁、恐惧、兴奋等。

2. **人格特征**。哮喘患者往往表现出以自我为中心、依赖性强、希望博得同情、过分要求照顾、过于敏感、暗示性高等性格特点。

（二）过度换气综合征

1. **诱因**。女性多见，多由精神刺激、情绪激动、过度劳累和应激等因素诱发。

2. **人格特征**。这类患者往往敏感、多疑、情绪不稳定、人格不成熟等特点，有神经质或癔症人格倾向。

（三）慢性阻塞性肺疾病

诱因。抑郁、焦虑和恐惧是主要诱因。

该病病程长，难治愈，需终生治疗。因为呼吸困难，患者的日常活动受到限制，有时因为病情影响，患者被迫退休或放弃工作。这种病易发于中老年人，病人易出现失眠症状及敌意、愤怒、焦虑、抑郁等负性情绪，从而影响治疗效果。

（四）呼吸系统疾病的心理干预

1. 理解患者的感受，给予患者关心和支持。尤其要给患者足够的安全感：沉着冷静地处理病情，减少患者的恐惧与焦虑，增强其疗愈的信心。例如，呼吸困难患者就诊后，要迅速安排患者吸氧及接受医学治疗，以缓解他的症状。医生面部表情要沉着、冷静、关切，让患者感到有医生在自己是安全的。

此外，要和患者的家属沟通，让他们理解患者的处境和心理状况，从而给予患者关心与支持。

2. 做好心理宣教。讲解疾病的相关知识，让患者了解心理因素与发病及治疗的关系，帮助患者采取健康的生活方式，学会释放压力与负性情绪。

3. 纠正患者的不合理认知。

4. 帮助患者总结、强化有助于改善病情的行为和生活方式。

5. 正念减压系列方法。

第7节　消化系统疾病中的心理问题

消化系统疾病与心理因素密切相关：负性情绪引发身体疾病，疾病又加重焦虑、抑郁等负性情绪，如此形成恶性循环。因此，关注并妥善处理患者的负性情绪不仅有利于患者尽快康复，更有助于预防疾病的复发。

消化系统疾病还与性格有关。例如，溃疡性结肠炎患者的人格特点是依赖、顺从、温顺、和气、希望讨人喜欢而压抑愤怒，类似上文提到的 C 型性格；消化性溃疡患者的人格特点是工作负责、进取心强、成就感明显、压抑愤怒、不主动寻求帮助、不喜欢与人交往等，更类似于 A 型性格。在治疗过程中，医生可以提示患者尝试一些新的人际互动方式，这对于其疾病康复有益。

心理干预的具体方法与上节类似，不再重述。

第 8 节　心血管系统疾病中的心理问题

（一）导致心脑血管疾病的重要原因

1. **吸烟**。大量吸烟的人群发生心脑血管疾病的危险性是非吸烟人群的 3 倍以上。

2. **饮酒**。在动脉硬化的基础上，若大量饮酒并伴有情绪激动，可导致心脑血管发生意外。

3. **饮食**。膳食中的钠盐负荷高、钙摄入不足等均是发生脑血管意外的因素。脂质中的胆固醇能引起动脉粥样硬化；以动物性食品为主的膳食，会摄入较多的胆固醇，致使冠心病的患病率增加。

4. **活动**。一般来说，脑力劳动者冠心病的发病率高于体力劳动者。脑力劳动者平时活动量少，冠状动脉缺乏负荷锻炼，加之脂质沉着，易发生冠心病。

5. **职业**。工作中需要脑力和注意力高度集中的职业，对视觉、听觉形成慢性刺激的职业，均能使人血压升高，从而导致冠心病和脑血管意外的发生率增高。

6.**性格**。脾气火爆、遇事容易急躁、不善克制、喜欢竞争、好斗、爱显示自己的才华、对人长存戒心等，这些性格的人容易患心血管疾病。此前提到的 A 型性格者便容易患心血管疾病。

（二）心血管疾病常见的心理问题

心血管疾病多见于中老年人。由于他们对疾病和死亡的恐惧，对未来的担忧，生活中又缺乏安全感，所以他们容易敏感、多疑、焦虑、恐惧、孤独、失落、依赖他人，还可能抑郁、易怒、暴躁，出现敌对情绪，有时伴有睡眠障碍。

这些心理问题的应对方式，可参见本章第 3 节、第 6 节，及第八章。

第 9 节　内分泌和代谢系统疾病中的心理问题

（一）导致疾病的心理因素

各种负性情绪都会影响人的内分泌系统，因此保持心态平和尤为重要。工作、学习压力大，精神长期处于高度紧张状态，这些可导致肾上腺素和皮质醇分泌过多，从而引起血糖、血压的升高。

为了缓解压力，有的人采用了不良的生活方式，如吸烟、饮酒、暴饮暴食等，以达到让自己放松的目的，而这些方式可能会加重内分泌紊乱并引发其他疾病。

（二）常见心理问题

1. 甲状腺功能亢进症（甲亢）。患者爱冲动、易激惹、性子急、情绪不稳、爱生闷气。

2. 甲状腺功能减退症（甲减）。患者情绪低落、兴趣减退、不爱活动、怕冷，易并发抑郁症。

3. 糖尿病。患者对糖尿病引起的躯体并发症感到担心、害怕、恐慌，有的患者对自己的血糖水平过于关注，每天反复测量多次。患病多年的老患者不遵从医嘱，依从性差。有的患者迷信偏方治大病，四处求医，不去正规医院治疗。

处理措施：纠正患者对糖尿病的一些不良认知。首先，要帮助患者了解糖尿病，消除其疑虑、紧张。其次，避免各种生活事件及压力源的负面影响。最后，加强体育锻炼，提高生活质量，保持心态平和，这些都有助于患者对血糖的控制。

4. 肥胖症。患者自卑、孤僻，疏远别人，怕别人瞧不起自己，缺乏自信心、有孤独感等。

处理措施：加强体育锻炼，消除自卑感。在情绪不稳的时候不要用吃的方式处理情绪，最好是转移自己的注意力，如以运动的方式转移注意力。还要协助肥胖症的患者制订合适的减肥计划，增强患者的自信心。

第 10 节　妇产科领域中的心理问题

（一）月经初潮的恐惧

解决方法：女孩子可以问问同龄人或问问妈妈，了解她们月经期间是什么状态，是否也像自己这样。如果知道大家都是这样的，就能感觉好一些。也可以上网查询相关信息。

（二）女孩青春期腋毛开始生长感到羞愧

解决方法：家长要正确告知腋毛的来历和作用，即腋毛使汗液正常排出体外，防止皮肤皱褶出现摩擦。

（三）孕妇在怀孕期间担心胎儿脐带缠颈影响胎儿发育和生命

解决方法：找专业医生咨询，医师都有处理的方法，请放心。

（四）担心患癌

30 ~ 50 岁的妇女主要担心是否患宫颈癌、乳腺癌，有时她们为此感到焦虑，尤其听到有的人死于这种疾病的时候，她们的焦虑不安就格外明显。

解决方法： 定期到正规医院进行体检，宫颈癌可通过接种疫苗的办法进行预防，接种后癌症患病的概率很低。平时要保持心情愉快。

（五）担心患子宫肌瘤

有一些人因月经有时提前或错后而担心患子宫肌瘤。

解决方法： 每年定期做一次妇科检查，不要乱服用含有雌激素的药物、保健品和食物。即使已患肌瘤也不用害怕，如果没有症状，无手术指征，只要按时体检就好，我们可以与它共存。

（六）压力性尿失禁的困扰

60 ～ 70 岁老龄女性对压力性尿失禁很烦恼。

解决方法： 通过宣传、教育，让老年人认识到这是疾病，可以手术治疗，也可以让她找医生咨询。

（七）产前焦虑症

产前焦虑症为产科常见的妊娠并发症。孕妇表现出食欲缺乏、睡眠差、烦躁、消极沮丧等症状，严重时会导致神经紊乱。产前焦虑症如没有得到及时、有效的干预，可能会影响到整个孕期、产时及产后，如分娩方式选择、产后出血发生率、新生儿出生评分及产后抑郁症发生率等。相关的回顾性调查发现，有妊娠期焦虑症的孕妇，其子女患抑郁症的危险因素远高于普通人群。

1.产前焦虑症的成因主要有以下两点。

（1）生理因素。孕期雌孕激素水平较高，孕妇变得异常敏感、细腻；孕晚期时皮肤瘙痒、行动不便等反应的出现；对自身基础病的担心等。

（2）心理因素。对胎儿性别及是否畸形的担心，对分娩过程是否痛苦、分娩后如何处理各种关系、如何育儿等各方面的担心。

2.产前焦虑症的心理干预方式主要有以下三点。

（1）家庭支持。丈夫及其家属的理解与陪伴，给予孕妇足够的心理支持。例如，家人耐心倾听孕妇的诉说、在晚间睡眠时丈夫轻抚孕妇的腹部，一方面可与宝宝进行沟通，另一方面又可以减轻孕妇腹壁紧绷的不适感，从而满足妻子的依赖心理，改善其焦虑情绪。

（2）孕产期知识宣教。帮助孕妇了解孕产期各阶段的正常变化。

（3）心理咨询。可用认知行为疗法纠正其不合理的认知，用正念进行放松训练。

（八）产后抑郁症

产后抑郁症以情绪持续低落为基本特征，伴发疲乏、睡眠障碍、食欲下降、照顾新生儿力不从心和愧疚感、注意力下降和自我孤立等症状。很多患者也有绝望感，甚至表现出自杀或杀婴倾向。国外已有大量研究结果表明，母亲患产后抑郁症影响婴儿体格发育，导致婴儿下丘脑 - 垂体 - 肾上腺轴的异常，影响其神经系统发育，增加婴儿对抑郁症的易感性，更严重的情况是母亲对婴儿有伤害性行为。产后抑郁症已成为不仅影响产妇、对后代也有严重影响的疾病。

1. 产后抑郁症的成因主要有以下几点。

（1）社会因素。婆媳关系、夫妻关系、育儿问题的困扰等。

（2）内分泌因素。产前、产后雌激素和孕激素等一系列内分泌活动的剧烈变化，影响了机体内环境的稳定性及神经递质的变化，从而促使抑郁情绪发作。

（3）遗传因素。家族有抑郁症史。

（4）个体认知因素。未做好孕育准备，未做好角色转换。

2. 产后抑郁症的治疗方法主要有以下几种。

（1）药物治疗。由专科医生视其症状的轻重程度给予相应的药物治疗。

（2）心理干预。

①孕期参加孕妇学校进行学习，了解相关的知识。

②建立社会支持系统。家庭支持：和谐的婆媳关系、夫妻关系。同伴支持小组：参加同伴支持小组；小组里大家处境相似，在专业人员指导下，利于其缓解或者消除抑郁情绪。

（3）心理咨询。认知行为疗法（CBT）、人际心理治疗、团体心理干预等。

CBT联合药物治疗比单纯药物治疗更能增加患者对治疗的依从性，且通过调整患者负性思维方式，可有效抑制其病情反复。

（九）更年期症状

更年期指的是女性自生育阶段到老年时期过渡的转化期，同时也意味着女性卵巢功能已逐渐处于衰退阶段。随着卵巢功能减退、激素水平紊乱以及社会、心理因素等多项因素的影响，女性在该阶段易出现失眠、阵发性潮热、出汗、心悸等自主神经功能紊乱症状以及易激惹、抑郁、焦虑、偏执、悲观等心理症状，对其身心健康造成极大困扰。

1.更年期症状成因有以下三点。

（1）生理因素。卵巢功能减退、雌激素水平下降等。

（2）社会因素。社会关系、家庭关系处理不当等。

（3）心理因素。认知水平与性格特征的影响。

2.更年期症状的治疗主要有以下方式。

（1）药物治疗。针对阵发性潮热、心悸、失眠等选用相应的药物对症治疗。

（2）心理干预。

①更年期健康知识宣教。通过学习，更年期女性可以掌握这一阶段的生理变化规律，从而避免不必要的紧张和焦虑；对自己的身心健康有全面的了解和正确的评价，可以正确对待出现的更年期症状，保持乐观的情绪和心理，提升自我调节能力。

②建立社会支持系统。家庭成员的理解与支持、温暖幸福的家庭氛围可以帮助更年期女性平稳度过更年期。

③心理咨询。叙事疗法、认知行为疗法、接纳承诺疗法等，详见第八章。

第 11 节　儿科临床中的心理问题

儿童正处于生长发育（身体的和行为的）阶段，任何身体疾病都会出现相应的心理问题。

（一）儿童焦虑

是一组以烦躁和不安为主的心理感受。患儿表现为粘着家长、哭闹、摔玩具、发脾气、来回走动、出汗、心慌等。

（二）儿童恐惧

是一组以害怕和逃离为主的心理感受。患儿表现为怕见穿白服的人、怕到医院、到医院会闹着想走、逃避环境等。

（三）儿童抑郁

是一组以心情不好为主的心理感受。患儿表现为不高兴、不爱吃饭、不爱玩以前喜欢的玩具或游戏等。严重时儿童会伤害自己，如咬自己、拿东西伤害自己、撞头等。

（四）儿童抽动

是一组以身体不自主运动或发声为主的心理反应。患儿表现为眨眼睛、挤眉目、摸鼻子、鼓肚子、摇头、咬唇等一些小动作，或者有清嗓子、吸鼻子等声音。

（五）儿童生病获益

是一组以生病而逃避一些行为的心理反应。常见于上学的儿童，因生病时可以不写作业、不用上学等，有些儿童会表现为"喜欢"生病，多表现为肚子疼、头晕、头痛、眼睛不舒服等。

（六）儿童睡眠问题

是一组以睡眠改变为主的心理反应。患儿表现为躺下后

睡不着，睡着后经常惊醒哭闹，不让家人关灯，必须有人陪
睡等。

（七）给儿科医护人员的建议

1. **衣服颜色温馨**。建议儿科医护人员尽量不穿白大褂，
穿一些浅颜色的衣服，如粉色或蓝色。

2. **说话音调较低**。尽量放慢语速，以商量的口气和儿童
交谈。不在儿童面前说一些关于疾病和治疗的话题，以防止
孩子没有理解生病的严重性而出现心理问题。一定要做到不
命令、不指责、不吓唬。

3. **诊室丰富多彩**。建议在诊室里准备一些玩具和动画书，
这样在检查和打针治疗时会转移孩子的注意力，以防止孩子
哭闹影响检查及治疗，同时减少孩子出现心理问题的可能性。

4. **必要时转诊治疗**。及时发现孩子的心理问题，如果孩
子具有上述现象且持续时间较长，甚至影响了身体疾病的治
疗，那就建议家长带孩子看心理科。

（八）给家长的建议

1. **建议家长正确引导儿童关于生病及治疗的问题**。家长
要告诉孩子，生病是正常的，不要吓唬和训斥孩子，特别是
不要和孩子说一些过分的话。例如，"生病了不打针不吃药就
会死人。""你不去医院我就不要你了。""你不听话我们就把

你扔掉。"更不要打骂孩子，以防止孩子对生病产生恐惧，出现心理问题。

2. 建议家长正确处理儿童生病后的生活安排。不要孩子一生病，家长就放纵孩子的任性要求，如买玩具、不写作业、帮着孩子和老师说谎、不上学等，以防止孩子通过疾病获益。

3. 建议家长正确培养儿童克服生病的勇气。平时多与孩子克服一些生活中的小困难，鼓励孩子自己处理问题，提高孩子克服困难的能力。在孩子生病时，多鼓励孩子和疾病做斗争，以防止孩子产生焦虑、抑郁等情绪。例如，"你很勇敢。""你比××小朋友优秀。""你比爸爸妈妈还厉害，你最棒。"

总之，儿科临床中较容易出现一些心理问题，如果儿科医生和家长正确处理，儿童的心理问题会随着身体疾病的康复而消失。

第六章

精神障碍的识别与干预

第 1 节　辨识焦虑障碍

焦虑是一种正常的生理反应，是生活的一部分。但我们一定要知道，焦虑症和焦虑障碍是可以管理的，有些人需要接受医生的诊断，以获得适当的治疗，并在需要时正确地用药物治疗。对于大多数人来说，通过自我关照就可以应对焦虑，帮助我们充分地参与社会生活。

（一）广泛性焦虑障碍

广泛性焦虑障碍又被称为慢性焦虑障碍，是指焦虑超过了一般焦虑反应的限度，同时患者对一些很微小的刺激也产生了强烈的反应，而且持续时间非常长。

广泛性焦虑障碍一般伴有很多健康问题，如心脏、呼吸道、消化道、泌尿道、神经系统等方面的问题。有的患者可能做过多次心电图，甚至做过冠脉造影，有的可能做过胃镜、肠镜检查，最终都没发现问题，之后可能才会被推荐到精神科就诊。这时，患者受到焦虑症折磨的时间可能已经半年甚至一年以上了。

另外，恐惧性焦虑障碍也很常见，其特点是有明确的焦虑对象，如社交恐惧、广场恐惧、特定恐惧等。

（二）惊恐障碍

惊恐障碍又被称为急性焦虑障碍，主要表现包括惊恐发作、预期焦虑、求助和回避行为等。

1. **惊恐发作**。它是指个体在并不特别的情境中突然出现紧张、害怕、恐惧，严重时伴有将要死去的感觉，或者无法控制自己的感觉等。发作时常伴有严重的自主神经功能紊乱，如心慌、心悸、呼吸困难、过度换气、四肢麻木等。

惊恐发作起病急，终止快。通常一次发作持续 20 ~ 30 分钟，不久可突然再次发作，发作期间患者意识清晰。

2. **预期焦虑**。当该病未发作时，患者因担心其再次发作而感到心有余悸、惴惴不安。

3. **求助和回避行为**。它是指由于强烈的恐惧，患者常常立即要求得到帮助，如到急诊科就诊。另外，约 60% 的患者由于担心发病时得不到帮助，会主动回避一些活动，如不愿单独出门等。

惊恐发作的表现可以在很多躯体疾病中出现。诊断前，应根据症状，首先请心内科、神经内科、呼吸内科等科室的医生诊断，排除躯体疾病。排除躯体疾病是非常必要的，但有的人反复做各种检查，这就不必要了，这样做既消耗医疗资源，也耽误自己的治疗时机。

第2节　处理焦虑障碍

焦虑障碍是一种常见疾病。

首先要注意的是，一定要与患者建立良好、信任的医患关系。其次，应根据不同的患者采取不同的治疗方案，包括心理治疗和药物治疗。

对于病情较轻者，我们可以进行简单的心理干预。例如，帮助患者了解什么是焦虑、帮助患者认识自身焦虑、帮助患者明确怎样解决焦虑，等等。对于病情复杂的患者，我们需要心理和药物同时进行干预。

（一）心理治疗

认知行为疗法：这是心理治疗中最常采用的方法，可以进行"一对一"的个体治疗，也可以进行团体治疗。

放松训练、冥想、身体锻炼等方法对于治疗和预防焦虑复发也有帮助。

（二）药物治疗

1.镇静催眠类药物

2.抗抑郁药物

3.抗焦虑药物

注：

①具有镇静、催眠作用的苯二氮卓类药物，长期使用会产生依赖性，应谨慎使用，严禁长期服用及过量服用。

②如果条件允许，推荐药物和心理联合治疗。具体用药方案及治疗方案建议遵循精神科专业医生的医嘱。

③治疗期间不要擅自停药；症状好转后，还需要进行维持巩固。定期复查、遵医嘱加量或减量是保证治疗效果及预防复发的关键。

第3节　辨识抑郁障碍

在当今社会，每个人都必然面对来自各方面的压力与负面刺激，这些压力和负面刺激必然影响我们的心情，造成我们短暂的情绪低落，如体验不到快乐、对什么事都没有兴趣等。我们可以称这类表现为抑郁情绪。

当显著的情绪低落持续了两周甚至更久，患者从闷闷不乐到悲痛欲绝，对生活充满绝望，甚至实施自伤、自杀行为，生活、工作都受到影响时，我们称这类病情表现为抑郁障碍。

如果反复出现不同程度的抑郁障碍发作，我们就称之为复发性抑郁障碍。

（一）抑郁障碍的主要表现

1. **情绪上的显著低落**。持续的心情不好，唉声叹气，愁眉苦脸，觉得特别不开心，常说"活着没意思""度日如年"等类似的话，常有早晨重夜间轻的特点。

2. **对生活的兴趣减退**。对什么事情都没有兴趣，做事提不起劲头，对以前的喜好也没有兴趣，不愿意参加任何社交活动。

3. **自我快感的缺失**。个人在生活中体验不到快乐，即使做喜欢的事情也无愉快感，常说"乐不起来"。

（二）抑郁障碍的次要表现

1. 注意力难以集中，不能专心做事情。

2. 反应迟钝，言语减少，语速减慢，语音变低。

3. 自责内疚，觉得自己不如别人，给家庭增加了负担。

4. 产生自杀想法，常说"死了算了"；有自伤、自杀等行为。

5.行为活动发生变化，具体表现为活动减少，不愿与人沟通。

6.焦虑不安，心烦、紧张、心慌、胸闷、出汗、尿频、坐立不安。

7.睡眠障碍，入睡困难，总在凌晨三四点就醒来。

8.食欲、性欲下降，不愿进食，体重下降。

9.躯体不适，如头痛、头晕、冷热感、发麻感、胃胀等。

注：
主要表现2条，次要表现2条以上，且症状持续2周，即可诊断为抑郁障碍。

第4节　处理抑郁障碍

对于有抑郁情绪的人来说，需要给予积极的鼓励，告知其通过自身调节，抑郁情绪是可以好转的。如果抑郁情绪的持续时间长达2周以上，建议他到专科医院就诊。

医生询问病史时，会首先了解患者是首次发病还是复发。

（一）对于首次发病的抑郁障碍患者

1. 积极倾听。让患者充分说出自己内心的所思所想，给予患者关心和理解。

2. 健康宣教。让患者家属知道，抑郁障碍就是"情绪"感冒，它和感冒一样是可以治好的，树立治疗信心。告知家属，对患者需要时刻陪伴，多关心，多理解。

3. 心理辅导。建议患者通过转移注意力、运动、放松等多种方式进行自我调节。如果条件允许，可以建议患者进行定期心理治疗（如认知行为治疗和家庭治疗等）。

4. 家属告知。告知家属，要24小时不离视线地看护患者，防止患者做出伤害自身及他人的行为；告知家属，要注意患者情绪状态的变化。

5. 睡眠障碍。可以适当给予镇静催眠类药物。

6. 治疗指导。建议患者尽快到专科医院进行系统性治疗。

（二）对于再次复发的抑郁障碍患者

1. 告知患者及家属上述1～4点（即首发患者的1～4点），并按照原来服用过的药物，从小剂量开始服用，尽快联系经治医生进行药物指导。

2. 如不能及时联系上经治医生，或者患者不记得以往用药情况，建议其立即到专科医院就诊，并且叮嘱家属看护好患者。

第5节 辨识精神分裂症

精神分裂症是一种常见的精神类疾病，多起病于青壮年，且具有很明显的遗传倾向性。患者在思维（想法）、情感、行为等方面均异于常人。其一般表现如下。

患者意识清晰，自己多认为自己没病，多数是被动就医。大部分病人的就诊是被家属强迫的。部分患者衣着不整，不修边幅，对时间、地点能准确判断。

（一）家属的反应

家属经常说患者像变了一个人，和以前不一样了，如不爱吃饭了、有疑心、不顾忌自己的卫生、不能工作等。总之，患者行为与以往相比，发生了很大的改变。

（二）思维方面

1.部分患者能听到一些并不真实存在的声音，有些声音是在谈论患者，有些则是命令患者做一些事（如不许患者吃饭等），有些声音是对话、互骂。患者沉浸其中，喃喃自语。

2.多数患者的想法都比较离奇，有的患者敏感多疑，会表现出一些与自己相关但内容离奇、荒谬的想法，如感觉被人跟踪、监视，认为周围人的一举一动都是针对自己的，认为自己的爱人对自己不忠诚等。总之，患者表现出的想法与现实不相符，却坚信不疑。

3.患者表现出泛化的现象。

4.有的患者会表现为问话不答、少语、反应迟钝等。

5.部分患者语无伦次，他的每一句话都词不达意，导致医生无法与他交流。

（三）情感反应

患者常表现得冷漠，有自笑、情绪不稳、喜怒无常、变幻莫测等情绪特点。

（四）意志行为

行为退缩，不愿与人来往，行为懒散，不愿出门，严重者生活不能自理，终日卧床或呆坐，有些患者会冲动伤人，个别患者有吃脏东西等行为。

（五）自知力（患者对自己疾病的认识）

大多数患者对自己的疾病没有正确认识，基本不会主动就医，个别痊愈患者会主动复诊。

第 6 节　处理精神分裂症

目前，精神分裂症的治疗方法纷繁复杂。其中，抗精神病药物发挥着重要作用，在治疗中，尽量做到单一、足剂量、足疗程用药。通过早发现、早诊断、早治疗，可以改善病情，预防复发，提高患者的社会适应能力。

(一) 药物治疗

1. 对首发、肇事肇祸及难治性精神分裂症患者，应叮嘱家属对患者加强看护，防止其冲动导致发生意外，同时建议患者到精神专科医院进行系统治疗。必要时拨打 110 电话，由警察协助管理患者。

2. 对复发患者，做到以下几点。

（1）未停药患者。继续服用原精神科药物，联系经治医生调整药量或者转至专科医院进行系统治疗。

（2）已停药患者。尽快到专科医院诊治，重新制定药物治疗方案。

（3）拒食、被动、不语不动患者。防止患者出现突然的冲动行为，注意患者的饮食，严重者要及时转到专科医院进行治疗。

（4）睡眠障碍者。可在精神科医师指导下给予镇静、催眠类口服药，但是对于老年人及儿童、青少年要谨慎用药，防止药物产生副作用。

（二）心理治疗和康复治疗

1. **健康宣教**。精神分裂症是一种慢性精神疾病，需长期服药治疗，建议家属一定要遵医嘱，按时给患者服药。首次发病需坚持服药 1 ~ 2 年，多次发病需要坚持服药 2 ~ 5 年。家属应妥善保管药物，并督促患者按时服药，定期带患者复诊。家属和患者不要自行加减药物，以防止病情复发。

2. **社会技能训练**。培养患者处理人际关系的能力、解决问题的能力，并且对其进行生活技能等方面的训练。

3. **家庭干预**。良好的家庭支持系统（包括家属对患者的日常监督管理、陪伴、鼓励及支持）会减少患者病情的复发，可以促使患者早日回归社会。

4. **社区服务**。建立患者个案管理系统，制订一套适合患者的康复计划，并且帮助患者参与社区的康复训练。

第 7 节　如何看待严重精神障碍并消除社会歧视

(一) 严重精神障碍

严重精神障碍是指精神疾病症状严重，导致患者社会适应等功能严重受损、对自身健康状况或者客观现实不能完整认识或者不能处理自身事务的精神障碍，它包括精神分裂症、分裂情感性障碍、偏执性精神病、双相（情感）障碍、癫痫所致的精神障碍、精神发育迟滞伴发精神障碍等六种疾病。

严重精神疾病和其他慢性疾病一样，只要经过专业、系统的治疗，是可以临床治愈的。治愈后患者可以正常生活、学习和工作。

在社会生活中，大部分人对精神障碍患者存在歧视和偏见。一方面是因为人们对精神疾病认识不足，认为精神病人是"疯子"，他们的思想和行为不受控制，他们总是打人、砸东西，会危害到他人与社会的安全；另一方面，由于患者不能坚持服药，导致其精神疾病反复发作，病情时好时坏，对家庭及社会造成不良的影响。

(二) 如何消除社会歧视

首先，加大精神卫生知识普及和宣传，让大众知道，精神疾病和其他慢性病（如高血压、糖尿病等）一样，是需要长期服药的，只要按时服药，定期复诊，患者可以像正常人一样生活。

其次，患者家属要有信心、有耐心监护患者，督促患者进行生活技能和社交技能训练，让患者能自食其力，避免社会能力下降。

最后，社区精防医护人员要定期开展随访评估与居家指导工作，帮助患者和家庭克服困难，鼓励患者参加康复训练，引导大众消除歧视和偏见，营造和谐的社会氛围。

第8节　辨识癔症

我们在生活中经常会遇到一些应激性事件，如失业、重要亲人离世等，或者遭遇被不公平对待等重大事件。无法自我解决内心冲突时，这些刺激就会作用于易病个体，患者便会出现突然倒地、肢体瘫软、抽搐，抑或捶胸顿足、哭喊吵闹等异常行为，患者的思维、情绪、行为等也会出现异常。这就是大家常说的歇斯底里症，也就是"癔症"，目前人们将其统称为分离（转换）障碍。

（一）癔症患者生活特点

患者大多为家中独子，或者在兄弟姐妹中排行最小，独受宠爱。在顺风顺水的生活环境中长大，自幼家人给予过多的关注，导致患者无法承受打击。

（二）癔症病人的性格特征

在病前，患者的性格大多表现为情感丰富、爱生闷气、有表演色彩、倔强、以自我为中心、富于幻想、易接受暗示等。

（三）癔症的病程特征

癔症患者由于不良刺激等诱因起病，病程大多持续一月余，可自愈。病情缓解后表现如常人，大多数患者无残留症状。

（四）癔症患者的临床表现

癔症患者的临床表现极其多样化，几乎可以类似任何一种疾病，常见的症状表现有以下几种。

1. **附体体验**。患者常常以另一个人的神态和语气与人对话，并称自己是另外的人或鬼、怪。

2. **童样痴呆**。患者发病后表现幼稚，神似幼童，说话细声细气，有撒娇等行为。

3. **遗忘**。患者病情缓解后，对发作时的一些不正常的表现回忆不起来。

4. **语言特点**。患者在发病时常常回忆其过往不愉快的经历，甚至认为全世界都对不起自己，认为自己对家人或者对朋友的付出没有得到回报。

5. **行为特点**。患者发病时会针对身边的亲人，特别是配偶或父母等对自己好的人进行辱骂、攻击，而对一些陌生人却较亲切、平和。看起来如同演员在演戏一样，哭、闹、笑都显得不真实。

6. **躯体症状**。会出现痉挛发作、肢体瘫痪、不能行走及多种感觉的异常。大多数患者呈持续性病程。

7. **抽搐**。部分患者会有抽搐的表现，这种抽搐又称为假性癫痫发作，应与癫痫患者的真性抽搐相区别。首先，要排除患者既往无癫痫病史；其次，癔症患者抽搐时的意识处于清醒状态，无咬破舌头或大小便失禁的表现。其发作时存在一定规律，如人多时、情绪激动时、要求未得到满足时。

8. **睡眠**。大多数病人发作时睡眠质量下降，睡眠时间减少。

第 9 节　处理癔症

癔症多与心理因素相关，因此心理治疗在治疗过程中占有重要的地位。如果同时辅以药物治疗，大多数患者的症状可以得到改善，发病次数可以减少，社会功能也可能得到恢复。

（一）心理治疗

1. **个别心理治疗**。建立良好的医患关系，与患者共同寻找问题、分析问题，共同选择解决问题的方法。这种治疗方法几乎适用于所有的癔症患者。

2. **暗示疗法**。暗示疗法是治疗癔症的经典方法。告知患者，该疾病是可以被治愈的。对于那些急性发作而受暗示性较高的患者，机智的暗示治疗常可收到戏剧性的效果。

3. **系统脱敏疗法**。有条件的患者可借助肌电反馈进行训练。

（二）药物治疗

1. 抗精神病药物

2. 抗躁狂药物

3. 抗抑郁药物

4. 镇静催眠类药物

5. 其他

注：

药物治疗应遵循精神科医师的指导，药物剂量不能高于药品说明书规定的安全剂量。

第 10 节　如何与精神障碍患者相处

（一）及时就医

我们应该认识到，得了精神障碍的人只是暂时生了病。虽然头脑和正常人不太一样，甚至控制不了自己的言行举止，但治好了就可以完全恢复。所以，精神障碍和发烧感冒等身体上的疾病一样，是可以治好的。只要相信科学，及时治疗，就可以摆脱痛苦，回归正常生活。

（二）人病分清

对待各种奇怪的症状，我们应该把"病"和"人"区分开。症状是病的表现，不是人品问题。所以，不能用批评教育的方法治病，也不能不尊重患者的权利，特别是使他得到治疗的权利。这就像对待喝醉酒的人一样，在他醉酒时说什么都没有用，只能等他酒醒之后再说。治疗就相当于醒酒的过程。

（三）扬长避短

人得了精神障碍，并非一无是处，他仍保存有部分正常的学习、工作和社交能力。对这部分正常功能应该尽量发挥，积极表扬，让患者看到自己的价值，找回自信，赢得尊重。同时，可适当降低标准，多包容，允许患者有一定的自由度，使他享受到人文关怀。

（四）不碰禁忌

　　有的人因为症状而对某些话题特别敏感，和他们接触时要提前了解这些情况，避免因涉及这些话题而对其造成刺激，更不能明知故犯，拿这些话题和症状取乐，甚至在媒体上传播。这样做非常危险，是损人不利己的行为，应受到社会道德的谴责。

（五）健康生活

　　与有精神障碍的人相处，要用乐观的心态和健康的习惯影响他们。要提醒他们按时服药，和医生保持联系。远离抽烟、喝酒、吸毒、赌博、嫖娼、熬夜等不良习惯。有的人因为症状，在花钱、性关系等方面控制不好自己，监护人应和他们一起管好他们的钱物和身体。

第 11 节　精神障碍患者的日常护理

（一）专业

　　护理精神障碍患者是一整套专业工作，而不是简单地把他们关起来了事。所以，护理者要接受专业的培训，向医生、护士了解有关精神障碍的各种知识，掌握一些基本技能，如日常沟通、观察症状、监督服药、副作用预警等。准备好必要的医疗资源信息，遇到难以处理的紧急情况时，要及时向专科医院转诊。

（二）耐心

对待生病的人，不能用正常人的标准，更不能较真。说话要放慢语速，温柔而坚定。不能形成对立或上下级的关系，而应平等、互信、合作。让他相信你是为他好、和他站在一起的。如果他一时做得不能让你满意，也没关系，继续等待。康复的过程是漫长的，耐心从始至终都非常重要。

（三）保护

人生了病之后，就会处于弱势状态，甚至无法独立生活，需要他人的关心和呵护。所以，对待他们应像父母保护孩子一样，为其提供安全的康复环境。即使他们"不听话"，也要对事不对人，把这些表现当成症状，把他们当成疾病的受害者，和他们一起面对困难，给予他们力量和信心。

（四）陪伴

疾病损害了患者的社会功能，会使他们变得消沉、孤独，他们更需要心灵上的抚慰。陪伴者可能并不需要很多复杂的技术，只要陪他们唠唠家常，让他们感到温暖，精神上感到慰藉，就起到了支持性心理治疗和心理护理的作用。只有相处到一定长的时间，才能发现患者具体的症状规律和个性特点，为开展其他工作做好准备。

（五）拓展

生病后，患者的很多能力都会减弱，人会变得越来越没用。因此，患者要和疾病赛跑，尽可能恢复并拓展各方面的功能。可以通过集体或个体的形式，组织开展唱歌、跳舞、书法、画画、捏泥人等文化娱乐活动；也可以培训其掌握一些厨艺、养小动物、种菜、养花等生活技能；还可以引导他们做广播体操、瑜伽冥想，进行健身活动。通过这些活动让患者最大限度地回归社会生活。

第 12 节　如何劝说患者及家人就医

（一）正面介绍就医的必要性

应明确指出，病不会自己好，必须经过医生正确的诊断和精准的治疗，患者才有可能康复。而且，越早治疗，恢复越快，受罪越少。等着疾病自愈，只能把小病拖成大病，增加以后治疗的难度。

（二）消除病耻感

有人认为，得了精神障碍是丢人的事，一去医院看病，别人就都知道了。其实，精神障碍和头疼、发热、高血压、糖尿病的性质一样，都需要被治疗，没什么见不得人的。患病却不就医，只能使自己和家人受到更多的困扰。

（三）了解治疗过程

有人把精神专科医院当成监狱，觉得看病、住院都会受欺负。这是对治疗的误解。现代化的精神科治疗充分尊重患者的权利，会依照《中华人民共和国精神卫生法（2012）》（以下简称《精神卫生法》）开展工作，绝对不允许虐待患者的情况出现。患者接受治疗就是接受服务，行使获得健康的权利，不会受到欺负。真正欺负患者的是疾病本身，那才是大家需要合力消灭的敌人。

（四）尊重知情权

有人担心治疗会花很多钱，所以不愿求医。在正规医院，患者一方对治疗方案和治疗费用都有知情权，医生也有告知的义务，不允许乱收费。患病时早治疗早恢复，花费也不会太多；错过最佳治疗时机，不仅治疗周期长，需要的费用会更多。因病误工致贫，损失最惨重。

（五）动员家人

有时患者本人拒绝治疗，是因为他有症状，没有自知力。这时家人有监护责任，应送他就医。患者的病情控制得不好，不仅他自己痛苦，家人也会深受其害。只要得到正确的指导，家人一般都会积极配合医生的治疗方案，合力救治病患。事后大家会发现，患者全家人的幸福是从他接受治疗开始的。

（六）其他资源

如果送医困难，可以求助于居住地的社区工作者、精防医生、派出所民警、救护车等社会资源，也可以拨打心理健康热线，获取有帮助的救治信息。

第七章

心理危机的处理和应对

第1节 遇到心理危机的处理原则

在日常生活当中，几乎每个人都遇到过心理危机。心理危机就是一个人因为各种各样的原因，内心遇到了很大的困难或危险，且没有办法用自己的方法让自己恢复到正常状态。所以，其他人对他的帮助就很重要，如果无法及时得到帮助，他的心理状况可能会恶化，甚至发展到出现心理疾病的程度。

常见的心理危机包括自杀、自我伤害、攻击其他人、精神疾病、灾难发生以后的心理伤害，以及亲人逝世后的心理问题等。

要帮助一个产生了心理危机的人，就要先阻止他的危险性行为，然后根据不同危机的具体情况，再用具体的办法帮助他尽快恢复正常的心理状态。虽然心理危机有不同的种类，但是仍有一些通用的处理原则。

(一) 遵守《精神卫生法》

发生了心理危机，处理的第一条原则是要遵守《精神卫生法》。很多心理危机都与伤害自己、伤害其他人的想法、行为有关系。法律规定，我们有必要阻止有心理危机的人发生伤害自己和其他人的行为。

《精神卫生法》第 28 条规定："疑似精神障碍患者发生伤害自身、危害他人安全的行为，或者有伤害自身、危害他人安全的危险的，其近亲属、所在单位、当地公安机关应当立即采取措施予以制止，并将其送往医疗机构进行精神障碍诊断。"

所以，我们不能对有心理危机的人放任不理，这既是法律对我们的要求，也是我们关心身边人的体现。如果我们没有办法阻止当事人伤害自己或其他人，就可以报警。警察有义务阻止他，而且警察在场也会让我们感到更安全。

在当事人的危险行为得到控制后，也不能马上放松警惕，因为风险还在，没有完全消除。如果要进一步帮助他，应该把他送到医院，由医生对他继续进行治疗。尤其是，如果这个人已经做出了伤害自己或其他人的行为，或者有伤害自己或他人的危险，我们就应该让他接受住院治疗。

《精神卫生法》第 30 条规定："就诊者为严重精神障碍患

者并有下列情形之一的，应当对其实施住院治疗：（一）已经发生伤害自身的行为，或者有伤害自身的危险的；（二）已经发生危害他人安全的行为，或者有危害他人安全的危险的。"

（二）安全第一，生命至上

心理危机会给人们带来很多风险，很多情况下甚至会危及人的生命，所以，处理心理危机的第二大原则是安全第一、生命至上。

一个人只有生命还在，他的所有问题才有得到解决的可能，如果生命消失了，那就真的什么都没了。所以，当心理危机达到危及生命安全的程度时，我们的首要工作目标就是保障对方安全、拯救生命。有时候，为了这一条原则，我们可能不得不用一些看似过激的方法（如报警），以保护对方的生命。

举个例子，在以前农药还没有被国家管制的时候，有些农村女性会在和婆婆、丈夫吵架后喝农药，实际上她们只是在情绪的主导下用这样激烈的方式表达心中的愤怒和郁闷。在被救回来后，99% 以上的人都对自己喝农药感到后悔。这就说明：很多心理危机都是可以用其他方式解决的，不是非要用你死我活的方法才能解决的。只要人还活着，事情总有机会变好。

实际上，我们可以看到，安全第一、生命至上的原则，与《精神卫生法》的指导思想是一样的，而《精神卫生法》把救人的行为提到了法律的高度。

（三）团队合作

第三个原则是处理心理危机是一个团队的工作，不能单兵作战，由一个人独自承担。

这是因为，仅靠一个人的力量，无法做到全面地帮助当事人。心理危机的发生往往和多个方面都有关系。在上面的例子中，如果要帮助因患有抑郁症喝农药的女性，不但需要医院帮助她洗胃，还要精神科医生帮助她进行抑郁症的治疗。除此之外，可能还需要帮她解决婆媳矛盾或夫妻矛盾，因为这才是她发生危机的根本原因。所以，如果由一个人完成这些工作，就会导致个人工作压力过大，使其容易出现情绪波动，甚至情绪崩溃。

所以，在危机事件发生前，我们最好有个统筹预案，这样，处理危机事件的时候就能够立刻形成一个应对小组。例如，由村镇干部牵头，家属、邻居、医生、警察、消防员、精神科医生等都参加进来，大家互相配合、各司其职：村干部负责组织人员，警察或消防员负责控制危险的行为，医生负责抢救，精神科医生负责治疗精神疾病，家属和邻居则提供一个宽容的环境。

有时候，我们甚至需要联合其他部门。例如，村委会可以给困难家庭相应的经济方面的补贴，就业部门可以为失业的人提供工作机会，心理咨询师可以对他们进行长期的心理辅导，等等。这些人员的安排需要提前组织好，不能等危机发生了才临时招兵买马。

（四）预防更重要

与处理已经发生的心理危机相比，对危机的发生进行预防更加重要。因为处理每一起危机都会给医务人员带来很大的精神压力，因为心理危机很多时候涉及的都是人命关天的情况，而预防危机的发生就相对容易一些。

《精神卫生法》第二十条也做了相应的规定："村民委员会、居民委员会应当协助所在地人民政府及其有关部门开展社区心理健康指导、精神卫生知识宣传教育活动，创建有益于居民身心健康的社区环境。乡镇卫生院或者社区卫生服务机构应当为村民委员会、居民委员会开展社区心理健康指导、精神卫生知识宣传教育活动提供技术指导。"

村委会可以定期邀请专业人士做一些与心理健康相关的活动，例如，开展一些义诊、讲座、培训，或者多在村和乡镇图书馆引进一些心理学和心理健康方面的图书。还有很重要的一点是，要让更多的老百姓有求助的意识，在遇到心理问题后，他们想要寻求帮助，也知道去哪里可以获得专业的帮助。我们可以做一些宣传手册，或者开大会的时候多向老百姓宣传心理健康工作，带老百姓看看村里的心理咨询室。

（五）小结

心理危机的处理要遵守《精神卫生法》，处理过程大概如下。

第一步，多向老百姓宣传心理学知识，重点是让可能发生心理危机的人知道怎么求助。

第二步，发生危机事件的时候，我们必须以各种方式保证当事人和相关人员的生命安全，必要时应该报警、送医。

第三步，在生命安全得到保障的基础上，寻找专业人员（精神科医生或心理咨询师）进一步提供帮助，解决当事人的心理问题。

第四步，在当事人恢复心理健康后，相关人员在平时生活中应加强对他的关注。

第2节　自杀怎么处理

（一）自杀的严重性

自杀行为是一种很严重的心理危机事件。据统计，我国大约每1万个人里就有1个人自杀身亡，自杀在中国人的死因中排第 5 位，甚至在 15 ~ 34 岁的年轻人里，自杀身亡的人数是最多的。在这些人中，有 60% 以上的人都不会找别人帮忙，因为很多有过自杀行为的人觉得自己"有罪"，或者认为自己想自杀是耻辱的。还有一些人想求助却不知道可以去哪儿求助。所以，对于想要自杀的人，我们主动开展一些相关工作是很有必要的。

那么，怎么样才能更好地帮助这样的人呢？

第一点，我们要了解哪些人可能会自杀；第二点，我们需要了解，一个人自杀前会有哪些特别的表现；第三点，我们要想方设法阻止当事人自杀；第四点，我们要和当事人一起商量解决问题的办法。

（二）哪些人会自杀

如果一个人出现下面几种情况，那么他的自杀风险会提高。

1. 一个人情绪状态很差，闷闷不乐，持续两周以上，或者有医院将他诊断为患有抑郁症或其他的精神疾病。

2. 一个人的生活、工作、学习压力很大，大到他甚至没有办法承受。

3. 一个人最近和别人发生过严重的吵架、打架等事情。

4. 一个人的亲朋好友有自杀身亡的情况。

5. 一个人有身体健康问题，或者家庭困难，或者与家人、朋友的关系差强人意。

反过来说，如果一个人和亲戚朋友关系好、身边没有遇到过自杀的人、身体健康、自己心态也很好，那么即使他遇到很大的困难，自杀的风险也不大。

（三）自杀前会有哪些表现

一个人自杀前肯定会有很多不同寻常的表现，只不过很多时候我们都忽略了。其实，我们可以通过下面这些特殊的表现来判断一个人是不是会真的自杀。

1. 想自杀的人往往整天情绪都很差、很消沉、很低落，或者经常莫名其妙地突然生气。

2. 想自杀的人往往会感到内疚、自责，总是说自己这也不好、那也不好，总觉得一切都是自己的错。

3. 想自杀的人往往会感到孤独、空虚，或者经常感到没有希望，人们看到他就会觉得他很颓废。

4. 想自杀的人经常会对他人说类似"我想要死""我不想活了"等话语。所以我们听到这样的话时，千万不要把它们当作玩笑，而要认真对待。

5. 想自杀的人有时候会对他人说："你们不用担心我，我的问题很快都要解决了。"

6. 想自杀的人很可能会买一些自杀工具，如绳子、农药、炭、毒药、刀等，或者经常到高处、河边等地方查看，寻找方便跳下去的地方。

7.想自杀的人几乎都会写遗书，或者出现突然和身边的人道别、道谢等情况。

8.想自杀的人往往也会把自己觉得珍贵的东西送给别人，对自己的钱、房子等财产进行分配。

（四）如何帮助企图自杀的人

如果一个人有了上面表现中的一部分，那么代表他有可能自杀，这个时候我们就要阻止他。首先，我们可以直接问他："你是不是有自杀的想法。"这个问题不仅不会让没有自杀想法的人自杀，而且会帮助想自杀的人把内心的纠结说出来，起到宣泄负性情绪的效果。

其次，我们要和他身边的人沟通好，在得到专业的心理帮助前，保证有人能够看护他。对于有强烈自杀想法的人来讲，我们一定要组织相关人员，成立一个看护小组，轮流看护，不让他有机会自杀。如果我们发现一个人马上就要自杀，或者已经在实施自杀了，那么找到他、把他救出来是第一位的；紧急时刻，我们一定要拨打110或119进行求助。

然而仅仅阻止他自杀，却不协助他解决问题也是不够的，那样是治标不治本的。治本的方法包括以下几点。

第一，如果他是有明确原因而想要自杀，那么要帮助他解决实际问题。在农村，导致自杀的原因通常有：欠债/金钱纠纷、夫妻矛盾、婆媳矛盾、邻里纠纷、空巢老人、留守儿童、心理创伤（如被强暴）等。对于每一种情况，我们都要尽力协助他解决这些问题。欠债的，协助他找办法还债；和人有矛盾纠纷的，帮他进行调解；没有人照顾的老人和孩子，在政策上多照顾他们；有心理创伤的，请专业人员（精神科医生和心理咨询师）一起帮助他。

第二，如果一个人想要自杀却没有特别的原因，那么他可能患有抑郁症等精神疾病，很重要的就是要带他去精神科就诊。自杀风险比较高的精神疾病包括抑郁症、双相情感障碍、厌食症、强迫症、创伤后应激障碍等。如果一个人有这些精神疾病的诊断，那么就应多关注他。

第三，如果一个人有过自杀的经历，再有第二次是非常常见的，所以在他顺利度过这一次危机后，要在日常生活中加强对他的关注。尤其是当他再遇到类似的问题时，我们可以先发制人，而不是被动地等待。可以在村委会内部建立一个需要重点帮助的名单，里面包括有过自杀经历的人、有精神疾病的人，以及最近遭遇到各种困难和变故的人。走访百姓的时候，我们对于名单上的人要重点关注。当然，这个名单必须是保密的，不能泄露，因为一旦泄露了，名单上的人很有可能会被周围人看不起、被嘲笑，这样就起到了反作用。

第3节　自我伤害怎么处理

（一）自我伤害的人的特点

不会导致死亡的自我伤害和自杀是完全不同的两件事情。

虽然有时候一个想要自杀的人也会自我伤害，但绝大部分自我伤害的人并非想死，他们是想要通过伤害自己的方式缓解内心的痛苦。所以，自我伤害危机的处理办法和自杀危机相似，但有不同的侧重点。在自杀危机里，我们的主要目标是阻止自杀的人真正做自杀这件事情，而在自我伤害危机里，我们的主要目标是帮助他们缓解内心的痛苦。

自我伤害的人也有一些共同的特点，主要有以下几点。

第一，青少年更加容易发生自我伤害的行为，因为处于青春期的孩子，不仅容易产生叛逆的行为，也容易压抑自己的情绪。

第二，长期有强烈痛苦情绪的人更容易实施自我伤害行为，这点和想要自杀的人是一样的。

第三，有精神疾病的人更容易发生自我伤害行为，如被诊断为边缘型人格障碍、创伤后应激障碍、进食障碍、抑郁症、焦虑症、强迫症等的患者。

第四，自我伤害的行为容易多次出现。所以，对以前有自伤经历的人，我们要格外注意。

第五，自我伤害的人身体上往往有刀伤（尤其是手臂上、大腿上），或其他类型的瘀青等伤痕。所以，当我们观察到这些的时候，一定要询问他这些伤痕的来源。

（二）如何帮助自我伤害的人

第一点，为帮助实施自我伤害行为的人，我们首先要和他建立信任关系。例如，可以请他到一个安静的地方坐坐，一起吃顿饭、喝喝茶，多表现出对他的关心，这样可以赢得他的信任。信任是人际关系中重要的因素。当然，信任关系的建立不可能一蹴而就，所以，我们不要出了事情才想起要搞好关系，而是最好平时就能多跟他走动，主动多关心他，那关系自然而然就会变好。

第二点，我们可以尝试了解他内心的痛苦，可以直接问他每次自我伤害前都发生了什么事情。例如，是不是和亲戚吵架了？是不是工作上受挫了？是不是感觉特别孤单？是不是很讨厌自己？一个人不可能无缘无故地进行自我伤害，他这样做肯定是有原因的，我们可以多和他聊聊，多让他说说，了解他这样做的原因。

当事人做出自我伤害的行为很多时候是因为他感到自己遭遇了很大的挫折，认为自己特别差劲，感觉自己特别孤独，觉得自己被抛弃，对自己特别生气、讨厌自己。所以，自我伤害行为也是自己在惩罚自己。

第三点，也是最关键的一步，看看这些造成他自我伤害的问题能不能被解决、怎样解决。如果是一些生活中的现实问题，如和人发生矛盾、下岗失业、独居感到孤单等情况，看看我们能不能协助他找到解决这些问题的方法，如找人调解矛盾、介绍工作、给他介绍朋友等。具体方法可以参照上一节的相关内容。

如果是心理方面的问题（例如，有精神疾病，或者内心长期感到痛苦且没有办法自己调整，等等），那么我们可以带他去精神科就诊，或者为他介绍专业的心理咨询师。我们可能没办法帮他直接解决这些问题，但是我们经常对他表达关心也会很有帮助。

需要注意的是，我们对他的关心不能让他内心一感到痛苦就进行自我伤害，而是帮助他学会采用其他更好的方式处理情绪。你可以教给他一些处理痛苦的方法，如跳广场舞、去 KTV 唱歌、打麻将、打牌、跑步、游泳、找人聊天等，你有什么方法就教他什么方法，如果一个方法没有用就再换一个，重要的是这个方法他能够坚持下来。久而久之，他就会觉得"原来自己的问题还可以用其他方式解决"，那么他的自我伤害行为就会减少。

第4节 攻击伤害其他人怎么处理

(一) 攻击他人的心理分析

攻击伤人的原因有很多，大致可以归为三种：

1. 攻击别人是为了伤害别人，让别人痛苦；

2. 攻击别人是为了造成别人死亡；

3. 没有任何原因地攻击别人。

第一种情况一般发生在亲戚纠纷、邻里冲突等情况中。这些人攻击和伤害别人是因为一下子没有办法控制自己生气、不满或烦躁的情绪，往往是出于冲动而攻击了其他人。这种情况以内心冲动居多，主要是由情绪失控导致的，很少是有预谋地进行攻击。换句话说，只要情绪控制得住，就能够避免攻击行为的出现。

第二种情况则比较严重，一个人可能因为纠纷、矛盾而对别人心生恨意，攻击伤害别人的目的不是为了让对方痛苦，而是要对方的性命，好像只有对方的死才能化解自己心头的深仇大恨。所以，在这种情况下，很有可能发生有预谋的犯罪，当事人会提前做很多准备。相对而言，这种情况也更加难以防范。

第三种情况是精神分裂症、双相情感障碍躁狂发作等精神疾病发作时产生的攻击行为。也有些人是在喝醉酒、吸毒后没有办法控制自己的行为，有时候他们甚至根本不知道自己在干什么，所以伤害别人并没有特定的目的，只是精神疾病发作的症状。与前两种情况相比，在这种情况下，我们只要加以合理防范，就能够预防大部分的恶性事件发生。

（二）攻击他人的人的性格、情绪和行为特征

整体上，对于攻击伤害他人的心理危机的处理方法与处理自杀危机的方法相似，我们都是先通过一些行为表现判断哪些人更可能伤害别人，再阻止他们实施伤人的行为，然后再对他们进行心理援助，最后在日常生活中多关注他们的情况。

那么，哪些人可能会伤害别人呢？如果一个人有以下情况，预示他可能会有伤害他人的风险。

1. 平时为人敏感多疑，性格像"老鼠"一样。

2. 性格固执，对他人缺乏关心，平时对他人特别冷漠，责任感和法治意识淡薄。

3. 情绪不稳定、自控能力差，喜欢刺激。

4. 对自己没有信心、容易紧张害怕。

5. 有喝酒上瘾甚至吸毒的行为。

6. 确诊有严重的精神疾病的人，如精神分裂症发作、双相情感障碍躁狂发作等。

一旦身边有这样的人，那么就要留心他是不是可能会伤害别人。尤其是当这样的人与其他人发生冲突、矛盾、纠纷的时候，就更要留意，因为这些事件可能是引发攻击行为的导火索。

（三）如何处理攻击事件

攻击事件的处理流程与自杀危机的处理类似，可以参考第3节相关内容。

和自杀危机不同的是，攻击伤人危机还牵扯到其他人，所以保护可能会被伤害的人也是非常重要的。

例如，一个敏感、多疑、固执又对喝酒上瘾的丈夫在得知妻子出轨时，他伤害妻子的可能性就比较高。一旦发生攻击事件，我们不仅要阻止丈夫的攻击行为，也要保护妻子的人身安全，防止发生极端事件。

如果一个人正在伤害或攻击他人，那么应该直接拨打110电话报警。当攻击行为被成功阻止以后，我们还需要帮助当事人解决心理问题。具体方法和处理自杀危机的做法相似，如果他攻击别人是有明确的原因的，那么我们需要协助他解决实际问题；如果他的行为是由心理问题导致的，那么要带他去精神科就诊，或者请专业的心理工作者帮他解决问题。

这类危机应该以预防为主。可以定期排查重点人群的情况。而危机发生后的应对措施也非常重要。

第5节 精神疾病发作了怎么处理

(一) 精神疾病发作的行为表现

国家认定的六种重性精神疾病是精神分裂症、双相情感障碍、偏执性精神障碍、分裂情感性精神障碍、癫痫所致精神障碍、严重精神发育迟滞。前5种都有急性发作期，而且发作时对于自己和他人有一定的危险性，所以需要进行及时的干预。

我们除了看医院诊断书之外，判断一个人是否处于重性精神疾病急性发作期的一个较为简单的标准是：一个人的状态和行为变得非常奇怪，和以往正常的时候完全不一样，让人没有办法理解他改变的原因，就好像这个人突然变成了"疯子""神经病"。

以下是几种典型的情况。

1.周围没有人的时候，自己和自己说话。

2.手舞足蹈，乱喊乱叫。

3.无缘无故地情绪冲动，而且表现出混乱的情况，好像被人控制了。

4.说的话完全没有逻辑，让人无法理解。

5.会突然呆住，像一个木头人，一动也不动。

（二）如何帮助精神疾病发作期的人

由于在精神疾病发作的时候，患者完全无法控制自己的行为，所以我们无法预测他的行为。面对这种情况，我们引用国家卫生健康委员会编制的《严重精神障碍管理治疗工作规范（2018年版）》中的处理方式。

当患者有伤害自身的行为或危险时，应"协助家属联系公安机关、村（居）民委员会和上级精神卫生医疗机构。由家属和（或）民警协助将患者送至精神卫生医疗机构或有抢救能力的医院进行紧急处置，如系服药自杀，应当将药瓶等线索资料一同带至医院，协助判断所用药物名称及剂量。"

"发现患者有危害公共安全或他人安全的行为或危险时，精防人员或其他相关人员应当立刻通知公安民警，并协助其进行处置。精防人员应当及时联系上级精神卫生医疗机构开放绿色通道，协助民警、家属或监护人将患者送至精神卫生医疗机构门急诊留观或住院。必要时，精神卫生医疗机构可派出精神科医师和护士前往现场进行快速药物干预等应急医疗处置。"

"得知患者病情复发且精神状况明显恶化时，精防人员在进行言语安抚等一般处置的同时，应当立即联系上级精神卫生医疗机构进行现场医疗处置。必要时，协助家属（监护人）将患者送至精神卫生医疗机构门急诊留观或住院。"

此外，我们常用的处置措施有两种。

1. **心理危机干预。**"判断现场人员的安全性，安全没有保障时，应当退至安全地带尽快寻求其他人员的帮助。处置时应当与患者保持一定的距离，观察好安全撤离路线。使用安抚性言语，缓解患者紧张、恐惧和愤怒情绪；避免给患者过度的刺激，尊重、认可患者的感受；同时对现场其他人的焦虑、紧张、恐惧情绪给予必要的安慰性疏导。"

2. **保护性约束。**"当患者严重危害公共安全或者他人人身安全时，精防人员或其他相关人员协助民警使用有效的保护性约束手段对患者进行约束，对其所持危险物品及时全部搜缴、登记、暂存，将患者限制于相对安全的场所。"需要注意的是，这些方法都是为了阻止极端结果，不能作为惩罚患者的方法，否则便违反了法律，也违背了道德。

同时，对这类危机的防范也很重要，主要的建议有三点。

第一，在生活中，我们要对这样的患者宽容，不要一直把对方当作不正常的人，他们治疗好了就和正常人一样，没有什么差别。

第二，尽量为患者减轻社会经济压力，寻找政策上的一些支持，因为压力可能是病情复发的诱因之一。

第三，提醒患者家属定期去精神科医院复诊，在治疗过程中听从医生的建议，一般2周到1个月复诊1次，在康复期一般2～3个月复诊1次。

第6节 发生灾难后的心理伤害怎么处理

(一) 发生灾难后的心理变化

根据统计，大部分人在一生中都会遇到灾难，例如，这次新冠肺炎大流行、火灾、洪水等天灾，还有车祸、溺水、工厂爆炸等人祸。发生灾难后，如果我们能够对当事人进行初步的心理救援，可以很大程度上减轻灾难对他们造成的心理影响。

我们要理解灾难后可能发生的身心变化，主要包括如下几个方面。

第一，心理方面的问题，表现为非常敏感、警觉，很容易受惊，看到、听到灾难的信息想要逃开。

第二，身体方面的问题，表现为心率过快、心悸、肌肉紧张、头痛、一直颤抖、肠胃不舒服、恶心、难以入睡或常常醒来、做噩梦或不断回想起灾难情境等。

第三，情绪方面的问题，表现为经常感到危险，有生气、低落、攻击性、易怒、极度悲伤等情绪。

第四，想法方面的问题，表现为没办法正常思考，感觉自己失去理智，难以做出决定，自己的观点变得非常消极。

第五，关系方面的问题，表现为更容易和别人发生冲突，或者干脆回避和别人接触，甚至不和别人接触。

（二）灾难后我们可以做些什么

上面这些情况发生在灾难之后是非常正常的，只要在灾后得到基本的照顾，大部分人都可以恢复，只有小部分人需要进一步的帮助。根据灾难发生后的时间，我们可以做的事情也不一样。

第一，在灾难发生后的 1～2 天，心理帮助是不起作用的，因为这个时候我们要做的首要工作是保证受灾群众的安全，防止他们再次受到伤害和威胁。这个时候要为他们提供安全的住处、及时的医疗保障，以及保证他们有生活必需品，如水、食物、药品等。

第二，灾难发生后的三天，很多人开始爆发出上文提到的心理及行为症状，这时候我们要做的是三件事：陪伴他、支持他和鼓励他。我们用温暖的态度关心他们，多陪在他们身边，和他们说说话。以下是一些表达安慰和支持的话语示例。

1. "灾难已经过去了，你现在很安全。"

2. "灾后有你这样的情况很正常，你会好的。"

3. "我们都陪着你。"

4. "这不是你的错。"

5. "对于你所经历的事情，我也很难过。"

6."你现在不用克制自己的情感，哭泣、愤怒、憎恨、想报复等情绪都是正常的，你可以表达出来。"

我们千万不要和他说"别哭了""很快就会过去了""坚强些""勇敢点"这类的话，因为这种话会让他觉得自己不正常。

第三，灾难发生后的两周，一些人的症状已经有了好转，另一些人的症状却开始加重。对于前一部分人，可以继续给予他们身体、心理上的照顾，直到他们完全康复。而后一部分人可能会有创伤后应激障碍（PTSD）的问题，我们不仅应该增加对他们的照料，还应更多地陪伴、支持他们，因为我们和他的稳定的关系，能让他们康复得更快。如果一个人出现严重的症状，一定要陪伴他去正规医院或者正规心理机构接受治疗。

第7节　亲人死亡后的心理问题怎么处理

（一）亲人死亡后的心理变化

每个人都会遇到亲人亡故，都会体验到亲近的人永远离开的悲伤，这是人的正常反应，是我们对去世的人表达思念的一种方式。所以，大部分经历这种悲伤的人都能慢慢好起来，也有一小部分人迟迟没有办法从悲痛中走出来，这时我们可以适当地帮助他们。

亲人死亡后当事人内心会经历如下的三个基本过程。

第一个阶段，休克期，时间为从亲人离世后的几分钟到几天。在这个时期，当事人不会马上感到悲痛，而是会麻木一段时间，在这段时间里，好像一切对当事人而言都是不真实的，因为他还没有准备好接受这个事实。

第二个阶段，悲伤期，时间会持续几个星期到几个月。在这个时期，当事人逐渐接受了亲人离世的事实，开始感到悲痛，并且持续体验到强烈的痛苦，有哭泣的行为及思念、后悔、遗憾等情绪都是正常的。

第三个阶段，恢复期。当事人逐渐从悲痛中走出来，恢复正常的社会生活。

（二）如何帮助亲人死亡的人

大部分人会顺利走过这三个阶段，但是有人会停留在第一阶段或者第二阶段，没法前进。如果当事人无法顺利完成三阶段，可能一辈子心结都没有办法解开。所以，在了解了上面的心理过程的基础上，我们可以采取一些方法帮助迟迟无法进入第三阶段的人走完这三阶段的旅程，主要有这几种方法。

第一，如果一个人停留在第一阶段，我们可以帮助他进入第二阶段，例如，带他故地重游，请他给你讲讲逝者的故事、请他给逝者写一段告别的话，等等。当然，这些要在对方同意的基础上进行。具体而言，我们可以做类似下面这样的事。

（1）首先承认事实。例如，我听说你的某位亲属去世了。使用"去世"这个词，你可以很开放地和对方讨论他的真实感受。

（2）真诚。不要隐藏你的感情。例如，我不知道该说什么，但是我想让你知道我很担心你。

（3）关心对方的感受，认真倾听他的回答，并提供支持。例如，我很难过发生了这样的事情。告诉我，我能为你做些什么？

第二，如果一个人停留在第二个阶段，那么我们要帮助他体验痛苦、减轻痛苦，这个时候，当事人更需要身边人的陪伴，所以多陪陪他，或者多找他身边的人陪伴他；同时，也可以用一些方法纪念逝者，如参加清明节扫墓、在纪念日烧纸钱等。具体可以参考如下做法。

（1）宣泄。让对方通过诉说和哭的方式把心中淤积的痛苦、委屈、难过，以及对逝者的怀念、感恩，还有对自己的责备、对逝者的承诺都充分释放。

（2）做好准备接纳其表达的所有情绪。即使你不能理解他的感受，也不要告诉对方，他该有什么感觉，不该有什么感觉。

（3）帮助他做力所能及的事，如跑腿、购物、做饭、打扫卫生等。

（4）在祭日、结婚纪念日、亡者的生日等特殊的日子去探望他也是有帮助的，因为要渡过这些日子对他来说尤其困难。

（5）如果对方开始出现酗酒、滥用药物、忽视个人卫生、身体出问题，或者提到了活着没有意思、想自杀、抑郁等复杂性的哀伤迹象，则应立即寻求专业医生的介入治疗。若确信其有打算自杀的计划，则要特别注意，不要让其独处，需保证 24 小时有人陪护，同时拿走那些自杀能用到的工具。

第三，如果他已经进入第三阶段，我们可以帮助他重新适应一个逝者已经不存在的环境，方法是鼓励他和身边的人多交往，建立新的关系。例如，在汶川地震中，有些失去孩子的家庭重新生育了孩子，他们的心理状况就要比那些没有重新生孩子的家庭心理状况好许多。

但要注意，不要把他的家人离世说得不重要。例如，对失去孩子的父母说："别太难过了，你们现在还年轻，身体又很好，还可以再生一个。"

以一颗真诚助人之心，充分了解当事人所处的心理阶段，运用具体、科学的方法，就可以很大程度上帮助对方顺利、平稳地度过亲人离世的阶段。

第八章

心理服务的方法与技术

第1节 为来访者提供心理服务的方法

结合我国基层的具体情况及医生的身份特点，适合的心理服务方法大体有以下几类。

（一）提供社会支持

当事人产生心理问题很多时候是因为缺少他人的支持和帮助。医生、村干部给予当事人真诚的关心，同时发动周围的人给予当事人关心，这本身就是很好的心理疗愈。具体包括以下几点。

1. **客观支持**。即给予当事人现实的帮助。例如，相关人员给贫困家庭送米、送油，帮助留守老人免费测量血压，等等。但要注意：提前充分调查了解来访者的需求，多做雪中送炭的事，不要做光鲜的面子工程。

2. **主观支持**。即给予当事人精神上的关心、慰问、鼓励等，尤其是孤独、寂寞、缺少社会交往的人群，如孤儿、留守儿童、空巢老人等。这些关心和慰问能在很大程度上提高他们的生活质量，减少疾病的发生。

社会支持不一定是要做多少大事，点滴小事有时更能体现我们的爱心。医生在和当事人互动的过程中展现的耐心、温暖、真诚、理解的态度本身就有疗愈的力量。一句话、一杯水都可能体现我们的这种态度。关于这部分，可认真阅读第三章及第二章的前 5 节。

(二) 心理学及医学知识宣教

培根说，知识就是力量。向当事人普及一些心理学及医学知识有利于其身心健康。第四、五、六、七章提供了许多相关知识，医生可以把它们转化成自己习惯的语言，然后向来访者宣教。第二章的最后一节则谈到了宣教过程中的一些注意事项。

(三) 对话式心理疏导

关于这部分，第二章的第 5 至 10 节提供了一些基本的原则。本章的第 2 至 8 节将更细致地介绍对话的各种方法，其中涉及焦点解决、叙事、合作对话、ACT、认知行为、现实疗法等多个理论取向的心理疏导方法。

（四）催眠及正念引导

在当今世界，正念减压被认为是处理压力和情绪问题的有效方法。正念减压常由老师引导或自己听录音中的引导，它在形式上类似于催眠，但正念的精髓是觉察和安住当下，而催眠更强调心理暗示，两者各有侧重。这部分我们放在第10节。而一些当事人能快速学会的、自己可以在没有引导的情况下随时练习的方法，则放在第9节。

（五）森田自然疗法

"顺其自然、为所当为"是森田疗法的基本治疗原则。这种疗法的宗旨在于让人们把烦恼和病痛都当作自然现象，顺其自然地接受和接纳它，与各种身心症状和谐相处，从而将症状的影响降到最低，而不要把症状当作异物，拼命地想排除它。如果当事人能够顺其自然地接纳所有的症状以及由此引发的不安、烦恼等痛苦情绪，就可以从被病情束缚的状态中解脱出来。否则，当事人就会由于"求而不得"出现思想矛盾，导致其内心世界的激烈冲突。

森田疗法倡导当事人维持正常的学习、工作、生活，做自己该做的事情，专注其中，但不要急于求结果，也不要一直记挂自己的烦恼或病痛。这样，当事人的身心自然会慢慢发生变化，直至恢复正常。

（六）生物反馈疗法等

生物反馈疗法是利用现代生理科学仪器反馈人体的心跳、血压等生理信息，以便使当事人在经过特殊训练后，可以有意识地控制自己的神经活动和内脏活动，从而缓解甚至消除疾病、恢复身心健康的新型心理治疗方法。

此外，还有其他应用高科技的心理疗法，如用电磁刺激的方法调整人的神经系统，这些方法目前也在向小型化、普及化方向发展。

第 2 节　焦点解决取向

焦点解决取向的核心理念是把关注的重心放在解决问题的方法上，而不把当前的困难当作重点。只要把事物积极的一面不断放大、强化，消极的那部分就会逐渐消退，问题也就能得到解决。具体而言，它关注两方面：一方面是探索当事人的理想及目标，另一方面是要发掘当事人的资源。

（一）探索当事人的理想及目标

当事人感到无力、脆弱、迷茫的一个重要原因是不知道自己真正想要的是什么，没有一个笃定的方向和目标，所以内心有许多力量在撕扯，而自己对这些力量又缺乏觉察。当事人一旦明确了方向，就可以让心志专一，迸发出巨大的潜能。古人说，知止而后有定。这就说明了建立目标的重要性。

在焦点解决取向中，有以下几类问句可以帮助当事人探索理想和目标。

1.结果问句

（1）想象一下，事情解决之后，你会是什么样子？事情会是什么样子？（尽量具体地想象出细节）

（2）当我们的谈话或治疗结束的时候，如果过程顺利，你希望那时的你与现在的你有什么不同？

这里采取"以终为始"的思维方式，先让当事人想象自己想要的结果，以明确努力的方向。

2.奇迹问句

（1）如果出现奇迹，困扰你的事情在一夜之间消失了，第二天早上，你会发现你的生活有什么样的不同？那时你会是什么状态？其他人会说些什么？

（2）如果你的生命的方向盘握在你的手上，你最想驶向哪里？想看见什么样的风景？

通过假设奇迹的出现，我们可以帮助当事人找到他真正想去的方向。

3. 评量问句

如果完全达到你理想中的情况是 10 分，完全达不到是 1 分，你会为自己现在的情况打几分？如果评分提高 1 分（0.1 分），那情况会有哪些不同？

在找到理想或长期目标之后，可以通过量化打分的方式，帮助当事人找到短期目标或当前可以努力之处。

注意：关于目标和理想的探索，要以充分讨论当前的实际情况为前提。首先，我们重视积极的一面并不代表要忽略乃至否定问题和困难本身。只有了解了当事人目前遇到的真正问题，我们才能跟他一起对目标和理想进行有意义的探索。所以，在最初的对话中，一般不要急于使用探索理想及目标的问句，而应先跟随当事人的思路，弄清楚问题的来龙去脉，还应贴近对方的情绪感受给予一些回应，在双方的讨论有一定广度和深度后再开始使用上述问句。

其次，当事人提出的目标或理想是有可能变化的。随着对话的深入，当事人可能会发现最开始的目标并不是他真正想要的，因此我们要有耐心，慢慢与他一起探索他真正想要的到底是什么。他真正想要的不一定能实现，但至少代表一个方向，我们可以通过评量问句，找到当前能着手之处。

（二）发掘当事人的资源

所谓资源，即能帮助当事人解决眼前困境的有利条件，具体包括当事人自身的长处、以前的成功经验、目前已做出的努力和成绩、新的尝试、当事人的人际资源，以及隐藏在失败经验中的例外。

1. **真诚的赞美**。我们要积极发现当事人的优点，并适时而真诚地给予肯定和赞美，让当事人也能看到自己的优点。

2. **已做的努力和成绩**。意在让当事人肯定自己的付出和获得的成绩。

（1）（接评量问句）为什么会是 X 分，而不是更低的分数？你是怎么做到的？

（2）面对这件事，你已经做了哪些努力？你取得了哪些进展？你有哪些思考和想法？

（3）过去你做了什么让这个事情没有变得更糟糕？

3. **总结以前的经验**。意在从当事人以前的经验中找到例外和资源。

（1）以前你有没有遇到过类似的困难？你那时是如何处理的？那时的处理方法对你处理现在的问题有什么样的启示吗？

（2）如果从生涯发展的角度来看自己，你觉得自己的优势在哪里？或者，你已经学到了哪些东西？或者，到现在为止，你有哪些做得不错的地方？这些曾经的优势会怎样帮助你处理眼前的问题？

（3）你有什么资源和优势？你对自己的觉察和反思是

什么？

4. 未来可能的方案。 意在让当事人跳出当下困境，思考可能的解决方案。

（1）关于如何解决问题，目前你有什么想法吗？

（2）你将来怎么做会有助于事情的改善与解决？

（3）现在和未来，你觉得自己做什么，会让这个事情变得更加糟糕？那么反过来，你就会找到对事情发展有益的地方，或者解决问题的关键。

5. 人际资源。 意在让当事人形成社会支持系统。

（1）你觉得谁能给你最大的帮助？或者，谁能给你最大的支持？

（2）如果遇到困难，你会向谁求助？他能给你什么样的帮助？

（3）你的亲人、朋友会给你什么样的帮助？

（4）当你遇到谁或想到谁的时候，内心会稍微好受一点？

6. 例外。 意在让当事人发现那些自己已经拥有的资源，曾用过的有效方法。

（1）在这个过程中，有没有一些时刻是你做得比较令自己满意的？能讲讲那时的情形吗？你是怎么做到的？

（2）你遇到了这么大的困难，是什么力量让你坚持走下来的？

（3）在这段经历中，你认为在什么时刻困难或问题会变得稍微小一点？

（4）面对挑战以来，什么时候是你可以稍微喘一口气，面对生活展露微笑的时刻？

（5）你遭遇这么大的挫折，让你保持最后的希望与信心走下去的是什么样的力量？

（6）在这段经历中，如果还有一些收获或乐趣或成长，你觉得那会是什么？

注意：资源的发掘要面向目标和理想，针对当前的问题和困难。随便给当事人找一些优点，可能并无助于事情的解决。

第3节 叙事取向

让当事人讲述自己的故事，与他一起发现生命中的珍贵与美好，我们就可以重塑他对自己和生命的认知，开发他内心的力量。

（一）初心问句

1. 当你这样选择或这样做的时候，你真正想要达到的目的是什么？

2. 在这个故事里，你最在乎的部分是什么？

3. 在这件事情里，你最希望被（他人）理解的是什么？

4. 在这段（艰难）的故事里，你不想放弃的是什么？

5. 当你选择他或她或这个集体的时候，你觉得他或她或它能带给你的是什么？或者，你当初为什么要选择和他或她在一起？

6. 当你知道事情已不可挽回，你觉得自己真正失去的是什么？

（二）珍贵问句

1. 在故事里，无论成败对错，你会说自己最不容易或最不简单的地方在哪里？

2. 如果许多年之后，往事如烟飞去，当你在垂垂暮年向年轻人说起这一段经历时，你觉得最珍贵的是什么？

3. 如果你这段经验像一部电影或小说，你觉得主角最精彩的部分是什么？

4. 即使有些人对你失望、不看好，你仍然相信自己的哪一方面？

5. 这段经历中的哪些场景是你觉得珍贵，并且希望永久记住的？

（三）重要他人问句

1. 最了解你的朋友在听了你的故事后，他会说从哪些地方可以看到你的用心或难得之处？

2. 一位爱你或重视你的人会被你这段故事中的哪个地方吸引或感动？

3. 如果最爱你、懂你的长辈在你身边，他会对你说什么？他会认为什么才是你自己的生活和道路？

4. 如果你最好的朋友遇到和你类似的情况，你会对他说什么？

注意：要像欣赏一件艺术品一样，仔细品味当事人的故事，每个点滴都可以进行细致的探讨和发掘。相信当事人的初心都是向好的，他们希望给自己或亲人带来幸福、减少痛苦。

［示例］

一位空巢老人的妻子因绝症去世，他非常痛苦，甚至想要跟着老伴一起离开人世，又埋怨老伴为什么丢下自己一个人。社工询问了老人和妻子过往生活的点滴，老人讲了很多感人的故事，社工好几次陪老人一起流下了感动的眼泪。以下是关键性的对话片段。

社工：你提到老伴特别照顾你、关心你，如果你的老伴现在从天国回到你身边，看到你为她的离去而非常痛苦，饭也不想吃，人也瘦了，很憔悴，她会对你说些什么呀？

老人：她会对我说（抹眼泪），老头子，好好活着，好好活着！

　　社工：我想她一方面心疼你，另一方面也会很感动，你难受成这样，就是因为她对你来说很重要。

第 4 节　认知行为取向

　　认知行为取向的核心理念是：人的情绪感受和行为并非由外在刺激直接引发，而是以人的认知体系为中介产生的。所以，改善情绪问题的关键在于改变歪曲的认知和僵化的信念。

　　人的信念分成三个层次：自动思维、中间信念、核心信念。

　　自动思维是面对当前情境时个体脑海中自动浮现的想法，它具有两个特点：（1）自动产生；（2）当事人基本上完全接受。

　　自动思维一般是改变认知的入手处，自动思维有了一些改变后，才有调整中间信念和核心信念的基础。

　　中间信念是人对于生活中的某个领域的信念，可表现为规则、态度、假设。例如，如果我表达了自己的诉求，我就是不好的。或者，我在工作中不能展现需要帮助的一面，我必须很强大。或者，在朋友关系中，我必须让对方满意。以上三个都是较为僵化的信念，它们可能带来心理问题。

核心信念是关于自己或其他人、事、物最核心的观念。例如，我是无能的。或者，我是不可爱的。

（一）觉察和探索自动思维的方法

以下三个问题可以帮助当事人找到自动思维：（1）怎么回事？（2）意味着什么？（3）会怎么样？

[示例1]

学生甲： 昨日下午，我和师兄一起去学校食堂吃晚饭，师兄在路上遇见好几个外系的人。

咨询师： 他们看起来怎么样？（怎么回事）

学生甲： 他们看起来很熟悉。

咨询师： 这说明什么？（意味着什么）

学生甲： 我师兄人缘好，交际能力强。

咨询师： 这种情境对你意味着什么呢？（意味着什么）

学生甲： 我熟人少，人际交往能力差。

咨询师： 发展下去会怎么样？（会怎么样）

学生甲： 对未来事业发展肯定很不利。

咨询师： 我们刚才讨论到，你和师兄一起去学校食堂吃晚饭，师兄在路上遇见好几个外系的人。你发现"他们看起来很熟悉，师兄人缘好，交际能力强。而自己熟人少，人际交往能力差。这对未来事业发展肯定很不利"。（暂停）这些内容中，有哪些想法是你当时想到的？

学生甲：我当时想到的应该是"我熟人少，人际交往能力差，这对未来事业发展肯定很不利"。

此外，我们也可以引导当事人回想当时的情境，还可以提供一些猜测，询问当事人是不是这样想的。

［示例2］

咨询师：你的朋友想让你帮她给家人挑选衣服，因为她认为你的品味很棒。当她这么说的时候，你体验到什么心情，高兴吗？

当事人：没有，我感到有些心烦。

咨询师：当她问你的时候，你有没有对自己说："如果她想要我帮忙的话，她肯定是认为我还不错呢！"

当事人：没有。

咨询师：那你在想什么呢？

当事人：一定是别人不愿意帮她，才来找我帮忙的。

（二）客观评估自动思维，并用合理的思维替代

可以列出最好的情况、最坏的情况、最可能的情况，再提供正面和反面的证据，客观评估自动思维的合理性，并给出较为合理的信念。

例如，一位当事人曾经在高考前出现过非常严重的焦虑、失眠、精神恍惚，她当时非常痛苦。此后每次遇到一些让自己紧张、担忧的情境时，她都会出现类似高考前出现的那些

症状，这对她的工作造成了很大的影响，为此她感到非常痛苦。她的自动思维是：我又紧张了，我可能又会出现高考前出现的那些症状了，甚至还可能得精神病。

以下是一个寻找替代思维的表格：

自动思维	我会出现和高考前一样的症状	
初次评估	相信程度 50% 　　　　　情绪程度 30%	
分析合理性	最好的情况：一年以内完全放下恐惧的问题，没有这方面的担心	
	最坏的情况：一年以内确实出现和高考前一样的症状	
	最可能的情况：一年以内的情况像现在一样，即便有些情绪也能够控制	
	好的证据	坏的证据
	1. 咨询能帮助自己	生活中的很多事情都可能触动自己的情绪，但是都在可控的范围内
	2. 自己能积极配合，并有好的心态	
	3. 情况已经过去好几年了，原来不懂心理学知识的时候，反应会比较多；现在越来越能平静地接受它，在不断进步	
	4. 以前无法倾诉，现在能对信任的人说	
	5. 在状态很不好的时候自己也能办很多事情，抗压能力强	
替代思维	一年之后，情况可能和现在差不多，即便出现不理想的情况，自己也有办法应对压力	
再次评估	自动思维小于 5%，替代思维 100%	
行为改变	当不好的想法出现时，面对它，接纳它，评估它	

（三）在遇到情境时反复强化替代思维

找到替代思维之后，可以在遇到情境之前或遇到情境之时，在心里默想此前找到的替代思维，重复多次。

第5节　接纳承诺取向

接纳承诺疗法的创始人海斯等将心理病理模型总结为六大问题：（1）经验性回避，即单纯通过回避或压抑的方式缓解负性情绪；（2）沉浸于过去的记忆和对未来的担忧，不能回到当下；（3）认知融合，即将自己主观的概念、想法与客观对象混同；（4）概念化的自我，即给自己贴上种种标签；（5）缺乏明确的价值取向，不知道自己想要什么；（6）不行动、冲动或逃避。

针对这六大问题，接纳承诺疗法用六个核心过程分别予以解决。

（一）接纳情绪

允许情绪存在并给予其关心和慈悲，让情绪的能量缓缓释放，直至平稳。

以下是具体的八个步骤，其中的某些步骤也可以单独使用。

 1. **观察**。注意一下这种感受，它在身体的哪个部位最强烈？

 2. **呼吸**。请观察这种感受，并对它温柔地呼吸。随着吸气，把爱与关注带到这个部位（或者带给这种情绪），随着呼气，将不舒服的感觉呼出。

 3. **扩展**。请观察这种感受，看看是否能在它周围打开一点空间。

 4. **允许**。我知道你不喜欢这种感受，但是你能不能试一试，就让它在那里待一会儿。你不必喜欢它，只是允许它在那里存在就好。

 5. **具体化**。如果这种感受是一个物体，它会是什么样子？你想怎么处理它？（可在想象中完成这个过程）

 6. **正常化**。让当事人认识到，有这种痛苦的感受是很自然的，每个人都会有情绪。了解情绪想要向你表达的内容。

 7. **自我慈悲**。把手放在你感受最强烈的部位，看看是否可以在它周围打开一点，温柔地拥抱它。

 8. **扩展觉察**。请注意这种感受，再注意你的呼吸……注意你的身体，也注意你周围的环境。请注意正在发生的一切。

（二）回到当下

 鼓励当事人有意识地注意此时此刻自己所处的环境及自

己的心理活动,不做评价,先接受其存在,并充分地观察它。这样做的目的是帮助当事人更直接地看清现实世界,从而做出有效的应对,而不是沉浸在对过去的回忆及对未来的想象中,以至于错过当下。

具体而言,可以让当事人调动自己的视觉、听觉、触觉、味觉、嗅觉,看就是看,听就是听,不要急于运用思维和概念。例如,欣赏一朵鲜花,闻一闻它的芬芳,只停留在当下的感受之中,而不联想过去见过的花或者在书上看到的关于花的知识;听铃声和钟声,认真听每一次敲击的声响,听到声响变化的整个过程;喝茶的时候认真品尝每一口茶的滋味,细心体验其中的变化;等等。这些都可以让人的心安静和清晰起来,远离各种纷扰。

第9节中有一段关于正念吃葡萄干的引导语,可以作为练习。

(三)认知解离

客观地观察自己的想法,任其来来去去:它们就像在舞台上跳舞的演员,又像在天空中飘过的云朵。想法只是想法,并不代表事实。别人的想法也只是他的想法而已,我们不用为一个想法太过挂怀。

具体而言,我们常用"溪边漂流的落叶"等技术进行引导。该引导文详见第9节。

针对上节提到的自动思维，我们也可以用这里的认知解离的方式进行练习，即把它仅当作一个想法，而不是一个事实。

（四）观察性自我

观察性自我是一种觉察力，它超越了一切角色和概念。我们可以邀请当事人开启"上帝视角"，从置身事外的角度描述自己身上发生的事情、自己的困难。从自身的角色和定位中抽离出来，使自己更容易看到问题的关键。

此外，有一种"以己为景"的觉察练习，可以用来处理各种情绪，参见第 8 节。

（五）澄清价值

这里提到的价值是一种生活的方向或原则，是我们在生活中觉得什么重要，想要做什么，认可什么的根基。

前文提到的焦点解决取向和叙事取向都对这部分有探索。在接纳承诺取向中有一个价值罗盘技术，它可以帮助当事人厘清自己现阶段的人生方向，做出一些适当的人生选择。

养育子女	个人成长	娱乐休闲	精神

健康	工作	社区与环境

家庭关系	亲密关系	社会关系

以上十个方框对应十个生活领域。在框内填写在该领域内自己关心的事情。在右上角的方框内填写该领域对自己的重要程度，按 1 ~ 10 打分。在右下角的方框内填写在该领域内自己对当下状况的满意程度，也按 1 ~ 10 打分。

例如，以下是一位女士的填写情况。

养育子女	个人成长	娱乐休闲	精神
5	8	5	8
准备怀孕	修复成长创伤	放松和快乐	提升精神层面和觉知
2	7	4	6

健康	工作	社区与环境
9	6	8
运动和健康饮食	发挥创造性	与大自然在一起
8	6	6

家庭关系	亲密关系	社会关系
8	7	3
和谐安宁	爱和安全	相互促进和帮助
3	4	3

　　可以根据这个系列打分做出环状图。从图上可以看到，该女士需要加强努力之处是家庭关系和亲密关系。

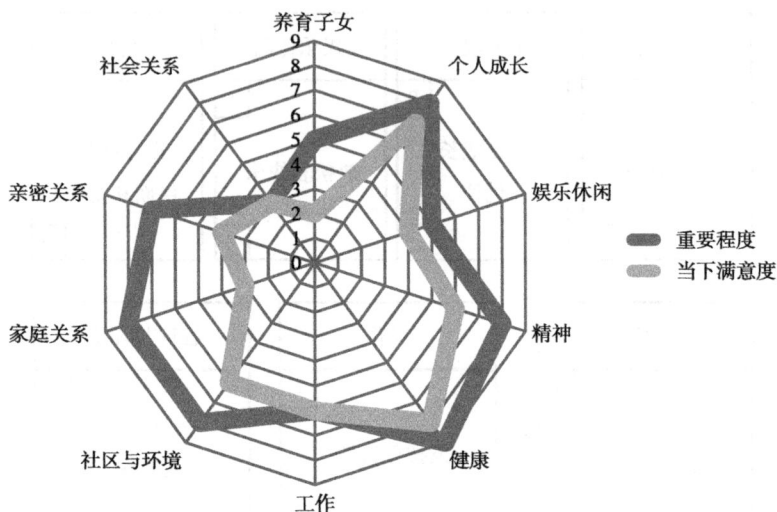

养育子女
社会关系
个人成长
亲密关系
娱乐休闲
家庭关系
精神
社区与环境
健康
工作

重要程度
当下满意度

（六）承诺行动

接纳承诺疗法鼓励人们根据自己的价值观发展出合理的目标，同时采取有效的行动。这部分内容与焦点取向、现实取向的内容类似，可参考之。

第6节　现实取向

现实取向强调个人为自己的生活负责。一个人的生活状态并不是外界强加的，而是自己选择的结果。

它的治疗过程，可以概括为四步，用英文大写字母表示为 WDEP。这四个字母分别代表：W- 探索当事人的需要（Wants）；D- 探索当事人正在做什么（Doing）；E- 帮助其对整体行为和需求开展自我评估（Evaluation）；P- 协助其计划未来（Plan）。

（一）当事人的需要

焦点解决取向强调目标，而现实取向及叙事取向都更强调需要，它们之间有些相似性，但也有一些差别。目标是具体的、外在的；而需要是一个人内心所匮乏和渴望的东西，可能是相对抽象的一类事物。例如，饥饿的人需要食物，孤独的人需要爱与归属的感觉。需要往往是隐藏在目标后面的那个东西。以下表格中对比了需要、价值和目标的差别。

	用一个问题来描述	示例 1	示例 2	示例 3
需要	我缺乏什么或者内心渴望什么	身体健康	他人的尊重，有面子	希望家人生活幸福，子女受好的教育
价值	我觉得什么重要	锻炼身体	经济收入	经济收入、家人、子女教育
目标	我具体想获得什么或者完成什么	每天跑步一公里	拥有一座房子	每月赚一万元

在现实取向中，将人的需要归为五个大的类别：①生存；②爱与归属；③权力；④自由；⑤乐趣。

现实取向认为，在心理疏导的过程中，我们首先要帮当事人梳理他真正的需要，然后才能带他去他想去的地方。

（二）当事人的选择

在澄清了需要之后，我们可以询问当事人：你为此做了些什么？包括他的行为、语言，以及他内心的关注点。现实取向强调，每个人都是自己选择了自己的行为、思想、情绪及生理状态，而非由别人决定的。现实取向中有一句名言："不是抑郁选择了你，而是你选择了抑郁。"

［示例 1］

学生甲觉得学业压力很大，觉得自己没有希望毕业，进而陷入绝望抑郁的情绪，这导致他更无法专心地学习。

客观地说，学业压力是很大，但是当事人也并不是完全学不好，通过努力，他会有进步，以前也有成功的经验——其实这里隐含了一个内心的选择：当事人选择不看这些积极的部分，他选择只看不利的因素，选择让自己待在悲观、绝望的情绪中，而不尝试另外一些看问题的角度，因为这种尝试可能对他来说有些困难。

［示例 2］

员工乙的领导非常强势，经常批评指责他，这导致当事人非常自卑，老觉得自己做得不对，因此工作效率越来越低，乃至觉得生无可恋。

这里隐含的选择是：当事人选择认同了领导对自己的否定，而实际上这些否定不代表事实，只代表领导个人的看法；当事人真正需要做的是找一种应对这位领导的办法，然后坚定地听自己内心的声音，拒绝那些否定。

（三）对行为和需要开展自我评估

评估当事人的行为是否能促进自己需要的满足，或者推动事情向良性方向发展。

例如，在上面的示例1中，那位学生甲的需要可能包括获得学业上的成功和掌控感、得到别人的认可、让自己的生活有乐趣。而他目前的行为是：不断给自己加压，逼迫自己学习，按高标准完成任务，又因为完不成而不断否定自己。而这恰好背离了他的需要，让他感到非常痛苦。也许他可以做的是适当地参与一些自己觉得有意思的课外活动，降低一些学习上的要求，多看到自己已经取得的成绩。

（四）规划未来

在现实取向中，我们需要协助当事人制订具体可行的计划。有时当事人不会为自己制订计划，或者缺乏某些资源和信息，这时我们可以适当提供一些有用的信息，并和当事人一起详细地讨论计划的可行性。

当事人在执行计划的过程中可能遇到挫折，这时则要回到第二步，看看他做了什么选择，然后协助他对自己所做的进行评估，再制订新的计划。

第 7 节　合作对话与家庭治疗

合作对话取向强调当事人是自己生命的专家和主人，对自己的问题有更丰富的经验，而且是领悟和解决问题的主体；而助人者是对话的伙伴，是进入当事人心灵花园的客人，协助他一起梳理生活的意义，相当于一个教练。

（一）在对话中，助人者只需做以下几件事情。

1. 认真倾听、跟随对方的叙述，关心对方所关心的事情（参见第二章的前 5 节）。

2. 提出好问题，促进当事人的探索和梳理。

3. 保持开放的心态，并将之传递给当事人。所以合作对话的形式非常简单，更贴近生活。

合作对话取向很重视提问，尤其是提开放式问题。就具体问题而言，本章的各个流派中的问题都可以提，不拘一格，而第二章第 8 节中的 9 个提问角度也可以作为重要的参考。这里需要注意的是，所提的问题要适应于当前谈话的进程，适应于双方的关系。

（二）提出一个好问题，会有以下几方面的效应。

1. 促进双方的关系。如果我们关心的事情，也是当事人认为重要和值得讨论的事，对方会很愿意回答这个问题，也认为我们比较理解他，能问到点子上，对我们更加信任。

2. 帮助对方说出自己真正想说的话。问题提供了一个很好的思考角度，帮助当事人把想说的话更有条理地说出来。当事人会感到提问不是在给自己出难题，而是在帮助自己表达自己想说的内容。

3. 促进领悟。我们的问题为当事人打开了一个探索和领悟的空间，当事人在叙述过程中，可以梳理自己的思路，对自己的内在世界有更多的觉察和反思。可能不用我们说什么，他自己就想清楚了一些问题。因此，好的提问本身就有疗愈的作用。

（三）关于上面提到的"开放的心态"，合作对话中强调以下几点。

1. **好奇心**。在第二章中我们提到了减少预设，当预设减少之后，我们会发现自己不知道的比知道的更多，会愿意进一步询问了解，愿意向当事人学习他看待世界的角度，以便更理解他。

2. 允许对话过程中的不确定性。 问题是对成长的邀请，而回答就是成长的过程，因此不必急于获得确定的答案。回答可能一开始是不切题的或片面的、肤浅的，但这是当事人进行自我梳理和达成领悟的必经之路。

3. 允许多元声音、多种答案并存。 秉持这种态度，更容易松动当事人固化的认知。

合作对话最初被应用于家庭治疗，因此我们也简单介绍一下家庭治疗。家庭治疗是以家庭为对象实施的团体心理治疗模式，目的在于促进家庭关系的改善，简单地讲，就是一家人一起开会。由于个体的很多心理问题都和家庭关系有关，所以，当家庭的整体氛围发生改变后，个人的心理问题也会得到缓解。

合作式的家庭治疗也很简单，和一对一访谈没有本质区别。一般情况下，专业人员会先分别和几位家庭成员谈话（一般来说，凡是住在一起的家庭成员都可考虑安排单独会谈，但也要考虑当事人的积极性，不能一概而论），然后再邀请相关家庭成员一起讨论。如果存在其他对当前问题影响很大，或者可能对这个家庭有帮助的人，也可以邀请他加入对话。

在讨论的过程中，我们依然通过倾听、回应和提问的方式帮助每位成员讲出自己的心声，并且让其他成员听到。应避免某些成员不敢说或拒绝听的情况，并且将开放的心态、理解、真诚等态度体现在对话中。

讨论的顺序没有固定之规，根据大家现场最关注的问题做出决定，邀请与问题有关的成员平等发言。针对成员不清晰或带有攻击性的表达，我们可以做一些澄清（参见第二章第9节），帮助大家理解这个表达背后的意思。我们在澄清的同时，也是在示范一种真诚而不带批评指责的表达方式和一种开放的倾听态度，帮助家庭成员学会沟通的方法。例如，某位成员听了我们说话的方式后，可能会说："我平时跟孩子怎么说他都不听，你这种方式说话他好像能听。"

邀请大家表达的目的不是争论谁对谁错以得到唯一的答案，或者马上达成共识，更不是要惩罚谁，而是让不同的声音能被彼此倾听，从而进入一种开放式的对话中。一旦营造出开放式的对话氛围，就成功了一大半。因为在这种氛围中，大家自然能慢慢想出办法，协商解决，让事情越变越好；而固执己见、不沟通、压制性的言行是大部分问题的根源。

（四）还要注意以下几点。

1. 尽量采用这家人日常使用的语汇与他们对话。

2. 对所有成员一视同仁，在发言时不要忽略任何人。

3. 尊重当事人的家庭规则和习惯。

4.保护家庭成员免受不良互动的伤害。例如，在家庭会谈的过程中，要避免成员间出现殴打、辱骂及损坏财物的行为，倡导心平气和地进行沟通。

第8节　简单的放松方法

（一）深呼吸

深呼吸是最简单的放松办法。因为它增大了肺部的氧气含量，也可以调节我们的神经系统，让它慢慢回到一种平缓的状态。

（二）左右鼻孔交替呼吸法

先用手指堵住一个鼻孔。例如，先堵住右边的鼻孔，仅用左边的鼻孔缓缓地吸气。将空气吸入肺部之后，让其稍微停留一下，再由右边鼻孔呼出。然后，再反过来，由右边的鼻孔吸气，由左边的鼻孔呼气，如此交替。这样的呼吸法可以使身体慢慢放松下来。

（三）觉察呼吸放松法

静静地吸气，静静地呼气，不要控制呼吸，仅仅是觉察呼吸的感受，觉察气流与鼻孔、与鼻孔前的皮肤接触的感觉。在这个过程中，我们的心情会慢慢平静下来。这个方法也可以被用于促进睡眠——静静地吸气，静静地呼气，把注意力放在呼吸上，但不用太刻意，似吸非吸，似呼非呼，慢慢就会睡着了。

（四）身体扫描放松法

让我们的注意力从身体的某一个部分开始，缓缓地沿身体各个部分移动，觉察身体各个部分的感觉。例如，先从脚趾开始，然后一直向上移动到头部。在这个过程中，我们能够感受到身体每个部分的压力、疼痛、瘙痒或其他感觉。当感受到这些的时候，我们不用刻意做什么，身体自然而然就会进入一种修复的过程，使身体的这部分放松下来。当然，我们也可以主动给身体各部分暗示，让它们更快地放松下来。身体扫描也可被用于促进睡眠。大家可以自己做，也可以听录音引导做。

（五）传统养生学的其他方法

转动眼球，多转几圈，人就容易放松下来。另外，在中医里，长期练习把注意力放在脚底的涌泉穴上有助于人达到放松的状态。

（六）以己为景练习

当你被某种情绪、想法裹挟时，不妨抽身出来，试着从情绪和想法之外，乃至自己的身体之外，对这种情绪和想法进行观察。情绪和想法并不是我们自己，它们只是在我们内心的舞台上表演的演员，或者说像天空中飘过的浮云。与它们拉开距离并观察它们，你就会慢慢平静下来。

第9节　催眠及正念引导方法

（一）正念觉察身体与正念呼吸

静静地坐在这里，感受此刻的宁静与祥和……感受身体与坐垫接触的感觉……这些感觉很清晰，很真实。

感受整个身体的感觉。

在接下来的禅修中，不管出现什么样的感觉，都让我们的心灵铺开红地毯欢迎它们的到来。你需要做的仅仅是允许自己的心保持觉察。

现在，听一下周围的声音……这些声音不仅不会干扰你，反而会让你的心在倾听它们的过程中变得越来越专注和宁静……我们总是太急切地奔向前方，此刻，让我们停下来，倾听周围的声响。

觉察一下自己的念头。不管有什么样的感觉、想法、冲动或画面在你的脑海中浮现，都仅仅对它们保持觉察，不要跟随，也不必排斥，允许它们自己来来去去。

觉察自己的呼吸。把注意力放在鼻孔与上嘴唇之间的部位，感受气流与皮肤接触的感觉。

如果发现自己走神儿了，不要担心，不要评判，觉察到念头走到了哪里，然后温柔地把念头拉回到对呼吸的觉察上。

随着对呼吸的观察，你感到越来越宁静。

让我们的心像一片天空一样。天空允许一切现象在它之中发生，但不管是烟云还是尘埃，都不会影响天空本来的清澈。

让自己的整个身体融入这片清明的觉照中，仿佛融入一片天空，我们仿佛在从另一个角度观察自己的身体。

现在回到自己的身体，我从 1 数到 3，我们就结束这次的身体觉察之旅。接下来感受一下自己的身体，可以轻轻动一下自己的手指，然后搓热双手敷在眼睛上并按摩脸及全身。

（二）正念身体扫描

请平躺在舒适的垫子或床铺上（或者坐在凳子或垫子上），你可以闭着眼睛练习。双手平放在身体两侧，双脚自然张开。

觉察身体躺在这里或坐在这里的感觉。觉察身体与床或或垫子或凳子的接触。

现在，请将注意力放在腹部，感觉吸气时腹部的扩展，吐气时腹部的收缩，让心安住在呼吸上，感受自己的呼吸。

现在，将注意力集中在双脚上。让注意力的聚光灯照着脚和脚踝，尽可能地觉察这部分的所有知觉。我们不需要故意产生感觉，只要如实地观照已经存在的身体现象就好。

在接下来的过程中，你可能会发现自己分心了，开始胡思乱想，做白日梦，或者担忧什么事情，或者感到无聊或不安，这些都是正常现象，没有任何不对。因此不需要批评自己，只要觉察一下你的注意力跑到哪里去了，然后很温柔地将它带回来就可以了。

现在，慢慢地将注意力扩展到小腿。觉察小腿出现的所有感觉。此时此刻，请你与小腿在一起。

现在，慢慢将注意力扩展到膝盖、大腿，让双腿成为觉察的中心。感受它们，拥抱它们，你与你的双腿在一起。

接下来，将觉察延伸到臀部，与自己的身体在一起。

接下来，将觉察延伸到下背部、下腹部。

然后，沿着躯干向上将觉察延伸到胸口、背部、肩膀，观照这些部位出现的所有感觉。

现在，把注意力转移到左手臂上，然后转移到右手臂上。

再延伸到颈部、脸部、头部。

最后，全身都安住在觉察中，感觉身体自然而真实的状态。

现在，请将觉察带到身体中央，观照呼吸的时候腹部的感觉。

现在，放下对呼吸的觉察，纯粹地躺在这里就好了，感觉身体自然的面貌，回到身体，就像回家一样。

我们的生命本来就是圆满具足的，安住在身心自然的整体中，安住在当下的圆满、宽广中。

（三）三分钟呼吸空间练习

请选择一个挺拔而有尊严的姿势，站或坐都可以。如果可以，请闭上眼睛。然后按照下面的三个步骤进行，每个步骤大约需要一分钟。

［步骤1］觉知

将觉察转向内在体验，问自己：我现在的体验是什么？

- 我脑海中有什么想法？尽可能将想法视为心理事件，也可以将它们变成字句。

- 我有什么样的情绪感受？将意识转向自己对不适或不愉快情绪的感受上，承认它们的存在。

- 我现在有哪些身体感觉？可以快速地扫描身体，找出身体上僵硬或紧张的感觉。

[步骤2] 聚焦

现在将注意力重新指向呼吸时的身体感觉。

贴近下腹部的呼吸感觉……吸气时感觉腹壁的鼓胀……呼出时则感觉腹壁的收缩。

就这样随着吸入、呼出，将呼吸作为锚，将自己锚定在当下。如果你分心了，请温和地将注意力带回呼吸上就好。

[步骤3] 扩展

现在将意识的范围从呼吸上扩展开来，将身体作为一个整体进行感知，包括你的姿势、面部表情。

如果你感觉身体有任何不适、紧张或对抗，伴随着吸气觉察这个部位。然后再呼气，同时放松、敞开。

试着将扩展的觉察带到生活的下一刻。

（四）随溪漂流的落叶

请你以舒服的姿势坐好，闭上眼睛。现在，请把所有的注意力都集中在呼吸时自己腹部的起伏上。正常呼吸就可以，吸气的时候知道自己在吸气，感受腹部轻轻鼓起时的拉伸感；呼气的时候知道自己在呼气，感受腹部慢慢瘪下去时的收缩感。正常呼吸就可以……把所有的注意力都集中在自己腹部，感受气体的进出，感受腹部的鼓起与落下……

现在，请发挥你最大的想象力，想象自己正静静地坐在潺潺流水的小溪边。阳光暖暖地洒下来，微风习习，你感觉舒适、安逸……现在，你看到水面上漂浮着片片落叶……请尽情发挥你的想象力，这是你的想象（停10秒）……现在，请将你大脑里蹦出的每个想法拿出来，把它们分别放在每一片树叶上，让它们随着树叶漂动。无论这些想法是积极的还是消极的，是令人愉快的还是令人痛苦的，都请你把它们放上去，即使它们是绝妙的想法，也请你把它们都放到叶子上，让它们随溪水漂走（停10秒）……如果你的头脑中不再出现想法，那么请你注视流水，你的想法迟早会再次出现（停20秒）……

让流水按照它自己的速度流动，不要试图加快它，也不要试图将树叶冲走。你要允许它们以自己的节奏来来去去。你看到它们漂来又漂走，有的漂远了。你允许它们以自己的节奏漂来了，又漂走了（停20秒）……如果你的头脑说"这太蠢了"，或者说"我做不到"，请你将这些想法也放在树叶上（停20秒）……如果树叶被挡住，就让它在那里徘徊，不要强迫它漂走（停20秒）……

如果你有不舒服的感觉，如感到厌烦或者失去耐心，承认它们就好，对你自己说"这里有一种厌烦的感觉"或者"这里有一种不耐烦的感觉"，然后把它们放到树叶上，让它们随之流动。

你的想法会不时地勾住你，让你不再处于练习的状态，这很正常，也很自然，它会反复发生，一旦你意识到这一点，请温柔地承认它，并重新开始练习：把你头脑里冒出来的想法放在每一片树叶上，看着它们随溪水漂流，以它们自己的节奏漂过来，又漂过去（停20秒）……

现在请停止你的想象，把所有的注意力都关注在自己的呼吸上，感受气体的进出（停10秒）……现在，我数完五个数后你就可以睁开眼睛，5……4……3……2……1，请睁开眼睛，欢迎你回来！

（五）正念吃葡萄干

以下这个过程大约持续10分钟。

- 当你准备好以后，请取出一颗葡萄干，把它放在掌心……集中注意力，仔细观察这颗葡萄干……用你的眼睛探究这颗葡萄干，仿佛自己之前从未见过它一样……以全然的注意力密切而仔细地观察。

- 观察光线是如何照射到葡萄干上的……观察它表面上的每一个阴影，每一处突起或褶皱……观察它那些灰暗的部分和鲜亮的部分……要用自己的眼睛充分地探究它……也可以用自己的拇指和食指将它拿起，然后轻轻地转动它，以便自己可以从各种不同的角度对它进行观察……

- 在做这些练习的时候，如果脑子里突然冒出一些想法，诸如"我到底在做什么奇怪的事情啊"或者"这样做有什么作用"，你只需要意识到，这些只是你头脑中的想法，然后尽你所能地将意识重新带回观察葡萄干的体验上来。

- 现在，拿着这颗葡萄干，将全部注意力集中于对它的触摸和感受上……觉察它的黏性，或者光滑度……如果你愿意，也可以用拇指和食指轻轻地滚动它，觉察它的柔软、塌陷，或者它的紧致、尖锐……无论发现了什么，都只需对此刻的经验加以觉察就好。

- 准备好以后，将葡萄干凑近你的鼻子，让它停留一会儿，吸口气，觉察自己的发现……觉察它可能散发的任何芳香的气味，如果没有气味，也对此加以觉察……觉察到自己的经验随时间而产生的变化。

- 现在，缓缓地拿起葡萄干，并准备把它放入口中。当你的胳膊移动时，留意自己的身体感觉的变化……觉察自己的手和胳膊是如何精准地移动到葡萄干的所在之处的。如果愿意，你也可以闭上眼睛，仔细感受这一点。

- 将葡萄干放入口中，注意舌头如何与它接触……将葡萄干放到舌尖上，含入口中，但不要咀嚼……觉察口腔中的任何变化……探究葡萄干在舌尖上时自己的感官体验，将葡萄干在口中翻转……仔细研究它的表面——感觉它的凸起和褶皱……也可以在口腔中移动它，把它放置到口腔侧面……或者移动到口腔的颚骨部分。

- 准备好以后，将葡萄干放在牙齿中间，咬下去……然后，慢慢地开始咀嚼……觉察口中发生的一切……由咀嚼所释放出的味觉感受……慢慢地体会……觉察口中的任何变化，以及葡萄干自身黏稠度的变化……感觉葡萄干表皮的韧性……以及果肉的柔软。

- 然后，在准备好吞咽时，看看自己能否在第一时间留意到自己想吞咽的意图，这样就保证了在实际行为与吞咽动作之前，我们就有意识地对它们有了体验。

- 最后，随着自己的吞咽感知，感觉葡萄干是如何落入腹中的，然后觉察吞咽完成后口腔中所留存的感觉。

如果之前你是闭着眼睛的，现在可以睁开眼睛，再次环顾周围。

参考文献

第一章

［1］中国心理学会. 中国心理学会临床与咨询心理学工作伦理守则（第二版），2018.

［2］Skovholt T. M. *The resilient practioner：Burnout prevention and self-care strategies for counselors，therapists，teachers，and health professionals*. Boston，MA：Allyn & Bacon，2001.

［3］Corey M. S.，Corey G. Becoming a helper. 6th ed. ［M］. California：Brooks / Cole，2011.

第二章

［1］高善秋，董鑫. 心理咨询"倾听"技术的研究与运用［J］. 哈尔滨：黑龙江科技信息，2009：78.

［2］王莹华，许文彬. 浅析高校心理咨询中非言语信息的理解与运用技巧［J］. 法制与社会，2007：696-698.

［3］陈美荣，曾晓青. 来访者非言语信息在心理咨询

中的运用［J］. 九江学院学报（社会科学版），2007：106－107.

［4］范红霞，姚彩琴. 心理治疗中的非言语行为及其观察［J］. 中国组织工程研究，2002：3548－3549.

［5］大卫·B. 罗森格伦. 动机式访谈手册（第二版）［M］. 辛挺翔，译. 北京：人民邮电出版社，2020.

［6］科里. 心理咨询与治疗的理论及实践（第八版）［J］，谭晨，译. 北京：中国轻工业出版社，2009.

［7］克拉拉·E. 希尔. 助人技术：探索、领悟、行动三阶段模式（第三版）［M］. 胡博，译. 北京：中国人民大学出版社，2013.

第三章

［1］马歇尔·卢森堡. 非暴力沟通［M］. 阮胤华，译. 北京：华夏出版社，2019.

［2］麦克威廉斯. 精神分析诊断［M］. 鲁小华，郑诚，等译. 北京：中国轻工业出版社，2015.

［3］克拉拉·E. 希尔. 助人技术：探索、领悟、行动三阶段模式（第三版）［M］. 胡博，译. 北京：中国人民大学出版社，2013.

第四章

［1］查普曼. 爱的五种语言［M］. 王云良，译. 北京：中国轻工业出版社，2006.

［2］郝红英. 埃里克森与毕生人格发展［M］. 太原：山西人民出版社，2018.

［3］马歇尔·卢森堡. 非暴力沟通［M］. 阮胤华，译. 北京：华夏出版社，2019.

［4］查尔斯·H. 扎斯特罗，等. 社会工作实务［M］. 晏凤鸣，译. 北京：中国人民大学出版社，2005.

第五章

［1］金大鹏. 全科医师实用手册［M］. 北京：中央广播电视大学出版社，1999：49-50.

［2］史春娇. 慈心禅对慢性疼痛患者的干预效果研究［D］. 苏州：苏州大学，2014.

［3］玛格丽特·考迪尔. 与痛共舞——慢性疼痛的身心疗法（第四版）［M］. 丁丹，译. 北京：人民邮电出版社，2017.

［4］宋旭红，卢莉，李大雨，等. 支气管哮喘病人的个性特征分析及影响因素［J］. 护理研究（中旬版），2005：2642-2644.

［5］罗蓓，杨番，廖智捷. 综合护理干预在过度换气综合征中的应用效果观察［J］. 现代医药卫生，2012：3085-3086.

［6］郭栋伟. 探究老年慢阻肺患者的心理特点以及护理干预措施的实施对其疾病恢复的有效性［J］. 临床医药文献电子杂志，2018：148-149.

［7］潘芳，吉峰，主编．心身医学（第二版）［M］．北京：人民卫生出版，2013：120．

［8］潘芳，吉峰，主编．心身医学（第二版）［M］．北京：人民卫生出版，2013：115－117．

［9］郝伟．精神病学（第八版）［M］．北京：人民卫生出版社，2018．

［10］世界卫生组织．疾病和有关健康问题的国际统计分类（ICD-10）（第二版）［M］．董景五，译．北京：人民卫生出版社，2008．

［11］沈渔邨．精神病学（第五版）［M］．北京：人民卫生出版社，2009：587－588．

［12］顾秀英，胡一河．慢性非传染性疾病预防与控制［M］．北京：中国协和医科大学出版社，2003．

［13］朱向宇，赵文霞，顾娟，等．放松训练及心理疏导在产前焦虑的应用探讨［J］．中国妇幼保健，2013：4107－4109．

［14］向中勇．产前焦虑症的预防措施［J］．大家健康（学术版），2015（14）：176－177．

［15］吴迅．产后抑郁症的影响因素及心理治疗的研究进展［J］．科技风，2020：151－152．

［16］任四兰，梁玉雕，陈张铭，等．产后抑郁症治疗进展［J］．中国计划生育和妇产科，2021（1）：48－50．

［17］王兰兰．产后抑郁症的心理护理研究进展［J］．护士进修杂志，2020：1189－1191．

［18］周颖. 女性更年期异常心理症状及影响因素［J］. 中国卫生标准管理，2018：41-43.

［19］苑艳尊. 更年期妇女心理状况及心理保健研究现状［J］. 饮食科学，2018（14）：265-265.

［20］谢幸，孔北华. 妇产科学（第九版）［M］. 北京：人民卫生出版社，2018.

［21］王卫平，孙锟. 儿科学（第九版）［M］. 北京：人民卫生出版社，2018.

第六章

［1］李心天，岳文浩. 医学心理学［M］. 北京：人民军医出版社，2009 年.

［2］彭旭. 悟践疗法［M］. 北京：人民卫生出版社，2009.

［3］沈渔邨. 精神病学（第六版）［M］. 北京：人民卫生出版社，2009.

［4］世界卫生组织. 疾病和有关健康问题的国际统计分类（ICD-10）（第二版）［M］. 董景五，译. 北京：人民卫生出版社，2008.

第七章

［1］中华人民共和国精神卫生法［M］. 北京：法律出版社，2012.

［2］徐凯文. 自杀危机评估与干预技术：新的理论与工具［C］. 西安：中国心理学会成立 90 周年纪念大会暨全国心

理学学术会议，2011.

［3］冯珊珊，肖水源. 我国农村自杀问题的研究状况［C］. 杭州：全国第九届危机干预及自杀预防学术年会，2011.

［4］景军，吴学雅，张杰. 农村女性的迁移与中国自杀率的下降［J］. 中国农业大学学报（社会科学版），2010（04）：20-31.

［5］WHO. Global Health Observatory Data Repository［J］. Geneva：World Health Organization，2015.

［6］费立鹏. 中国的自杀现状及未来的工作方向［J］. 中华流行病学杂志，2004（04）：277-279.

［7］詹姆斯. 危机干预策略［M］. 肖水源，译. 北京：中国轻工业出版社，2000.

［8］江光荣，于丽霞，郑莺，等. 自伤行为研究：现状、问题与建议［J］. 心理科学进展，2011（6）：861-873.

［9］童慧琦. 心理急救［M］. 太原：希望出版社，2008.

［10］陈维樑. 哀伤心理咨询［M］. 北京：中国轻工业出版社，2006.

［11］中华人民共和国国家卫生健康委员会. 严重精神障碍管理治疗工作规范（2018年版）［J］. 沈阳：中国实用乡村医生杂志，2018（007）：11-22.

第八章

［1］黄锦敦. 最想说的话，被自己听见——叙事实践的

十五堂课［M］.台湾：张老师文化出版社，2018-7.

［2］怀特·M.叙事疗法实践地图［M］.李明，党静雯，曹杏娥，等译.重庆：重庆大学出版社，2011.

［3］许维素.尊重与希望焦点解决短期治疗［M］.宁波：宁波出版社，2019-8.

［4］路斯·哈里斯.ACT，就这么简单！接纳承诺疗法简明实操手册［M］.祝卓宏，张婍，曹慧，等译.北京：机械工业出版社，2016-8.

［5］郭召良.认知行为疗法进阶［M］.北京：人民邮电出版社，2020-5.

［6］罗伯特·伍伯丁.现实疗法［M］.郑世彦，译.重庆：重庆大学出版社，2016-11.

［7］威廉·格拉瑟.选择理论［M］.郑世彦，译.南昌：江西人民出版社，2017-6.

［8］贺琳·安德森.合作取向实务：造成改变的关系和对话［M］.周和君，董小玲，冯欣仪，等译.台湾：张老师文化出版社，2011-1.

［9］马克·威廉姆斯，丹尼·彭曼.正念禅修——在喧嚣的世界中获得安宁［M］.刘海清，译.北京：九州出版社，2013-3.

［10］约翰·蒂斯代尔.万千心理·八周正念之旅——摆脱抑郁与情绪压力［M］.聂晶，译.北京：中国轻工业出版社，2017.